コンサルが密かにやっている

うまくいく人の時間の使い方

菊原智明

SOGO HOREI PUBLISHING CO., LTD

時間術をマスターして人生を楽しみながら結果を出す

本書を手に取っていただきまして、ありがとうございます。

あなたは、次のような日々を送っていませんか？

・とにかく時間が足りない
・サボっているわけではないのに仕事が溜まっていく
・いつも何かに追われている気がする
・プライベートの時間がとれず充実感がない

時間に追われる毎日を送っていればストレスは溜まります。

焦りが焦りを呼び、ますます泥沼にハマってしまいます。

本当はもっと結果を出せるはずなのに、力を発揮できないままくすぶっているのでは何とも悔しいものです。

その一方、短時間で仕事をうまくこなしている人もいます。

しかも、クオリティも高い。なにより楽しそうです。

効率良く結果を出している人たちを見て「あの人は特別だから」と別の世界の人だと思っていませんか？

思うように仕事をこなせない自分に対して「なんて情けないんだ」と腹立たしく思ってしまうかもしれません。

もし、そんなフラストレーションがあるなら、これから紹介する〝時間術〟を覚えることで、今までの何倍もの仕事がこなせるようになります。


時間の使い方にはコツがあります。

やり方を知りさえすれば、あなたも短時間で今までの何倍もの結果が出せるようになるのです。


なぜそうハッキリ言えるのでしょうか。

それは私自身が〝効率の悪いダメ人間〟→〝仕事が早く結果が出せる人〟というこ

とを身をもって体験してきたからです。
それを知っていただきたくて、この本を書きました。

本書では、私が長年トライ&エラーで身につけてきた、時間術についてのテクニックやコツを厳選して紹介していきます。

時間術は生まれ持ったものではなく後天的に身につける技術です。
私だけでなく、私がアドバイスしてきた方たちも次々に結果を出しています。
もちろん、あなたも習得できるのです。

これから紹介するノウハウをマスターし、短時間でサクサクと結果を出すという感覚をぜひ、あなたにも味わっていただきたいと思っております。

あなたに残された時間は思っている以上に短い

人生100年時代といわれています。私たち(日本人)の平均寿命は年々延びています。それは事実ですが、実際は思うほど長くはなっていません。

「40歳で人生の80%は終わっている」と聞いてどう思うでしょうか？
そう聞いて「イヤイヤ、それは言い過ぎでしょ」と思うかもしれません。

あなたは歳を取るにつれて1年が早く感じていることでしょう。
その理由は、人生のある時期における心理的長さは年齢に反比例するといったもので、簡単に言うと歳を取るにつれて体感時間が短く感じられるという現象です。
小学1年生の時の1年は長く感じましたが、30歳の時の1年の長さは短く感じます。
そして毎年どんどん短く感じるものなのです。

この現象で【人生を100分】として体感時間を計算すると次のようになります。

1歳〜25歳　70分
25歳〜40歳　10分

40歳〜50歳　5分
50歳〜60歳　4分
60歳〜70歳　3分
70歳〜80歳　3分
80歳〜90歳　3分
90歳〜100歳　2分

あなたは、今、何歳でしょうか？

25歳だとしたら〝人生100分〟のうち
残りの時間は30分です。
40歳だとしたら残り20分。
50歳だとしたら残り15分
60歳だとしたら残り11分。

といった計算になります。

これを初めて知ったとき、私自身も少なからずショックを受けました。

私たちに残されている時間は予想以上に少ないということです。

「まぁ、ぼちぼちやっていけばいいか」とボーッと生きていたら、あっと間に人生は終わってしまいます。

この体感時間の現象は、19世紀のフランスの哲学者であるポール・ジャネが発案したといわれる「ジャネーの法則」で、すべての人がこの法則通りに時間の感じ方をしているといったものではありません。

ただ、人生の残り時間を可視化するといった意味では、とても参考になります。

この法則を知って「もっと早く知りたかったな……」とガッカリすることはありません。この本で時間術を学ぶことで、使える時間が大幅に増えるのですから。

そして、今日が人生で最も若い日です。

悔いなく生きるなら「目的をもって、楽しく、充実した時間の使い方をしたい」と願うのが普通の欲求です。そう誰もが思っているにも関わらず、思い通りに実践できている人が多くありません。

私たちは、いつも時間に追われ、やりたいことを後回し（先延ばし）にしています。気づいたときにはやりたいこともできない、何も結果を出していないといったまま歳をとってしまうのです……。これはとても怖いことです。

本書では、「時間の使い方」、「時間とは何か」、「時間との向き合い方」について、私の経験や、成功事例などを紹介していきたいと思います。これを知っていただくことで、人生が充実するのは間違いありません。

時間術をマスターすれば人生が変わります。

同じ時間で今までの何倍もの結果を出すことが可能になるのです。

あなたはいつまでも必要とされ、会社では一番いいポジションで働くことができるようになります。さらには、独立しても常に声がかかるようになるのです。

また、プライベートも充実し、人生が何倍も豊かになることでしょう。

今まで「とにかく時間が足りない！」と悩んでいたあなた、いまこそ変わるチャンスです。

時間術を身につけた人だけが、これからの時代を勝ち抜いていけるのです。

目の前にチャンスの扉が開いています。

では、本書にてお待ちしております。

営業コンサルタント
関東学園大学講師
菊原智明

目次

第2章　「すぐやる」朝時間

第3章　仕事にマッチした時間帯がある

第4章 無駄&不必要なことを見極める

第5章 時間的ロスの防ぎ方

第6章 コンディションの最適化

ブックデザイン／別府拓（Q.design）
本文DTP・図版／横内俊彦
校正／矢島規男

序章

時間術が仕事と人生を変えた

30歳までは〝仕事に〟〝時間に〟追われる毎日を送っていた私

今でこそ「菊原さんは仕事が早いですね」と言われるようになりましたが、以前は超がつくほど仕事が遅い人間でした。締め切りを守れたとしてもギリギリで、たいていは「あと１日あれば間に合いますから」と延長をお願いしていたものです。

時間の余裕がないため仕事の内容が浅く、相手の期待に応えられません。こうしてどんどんチャンスを逃していたのです。

私は営業スタッフとしてハウスメーカーに就職しました。

当時は働き方改革など無く、夜遅くまで残業をしていたものです。成績の悪いダメ営業スタッフだった私は、上司より早く帰ることを許されません。今ではパワハラになるのでしょうが、当時はそんな空気が当たり前のように蔓延していました。

さらには「早く仕事をやったところで、どうせ早く帰れない」という思いから、時間があっても仕事に手をつけないといった悪習慣が体に染みついてしまっていたのです。ダラダラと残業し、深夜の12時を過ぎることも日常茶飯事でした。

眠りについたと思ったら、あっという間に朝という感じです。

なんとか遅刻せずに出社するものの、頭がボーとして使いものになりません。たいてい午前中は〝仕事をしているフリ〟をして、無駄に時間を過ごしていました。


こんなことをしているから、**やるべきことをどんどん後回しにしていました**。結果、時間に追われるようになり、徹夜に近いことをするハメになったりします。そして、その翌日は寝不足でもっと使いものにならなくなるのです。


こういった最悪のサイクルで仕事をしていたこともあり、仕事ではミスばかりし、とれる契約も落としていました。

もちろん、プライベートもまったく充実していませんでした。

仕事にも将来にも希望を持てず、悶々とした日々を送っていたのです。

時間術を学び営業成績が4倍に！

そんな最悪のサイクルで仕事をしていた私ですが、30歳のときに転機が訪れます。営業のやり方を〝文字情報で伝える〟というスタイルに変えたのです。文字情報なら〝短時間で多くのお客様に伝えることが可能〟になります。

この改革により、お客様へのアプローチが効率化しました。その結果、営業成績が急上昇したのです。

営業スタッフとして成績が上がるのは嬉しいことです。

ただ、成績が上がれば担当する案件が増えます。

今度は〝仕事が多くなり過ぎて処理できない〟という大きな壁が立ちはだかったのです。

ノルマを達成した営業スタッフは基本的に自由です。本来ならば定時で堂々と帰れます。しかし、仕事が多くて帰れるのに帰れないといった状況になってしまいました。

これはなんとも悔しい……。このとき初めて、時間術について真剣に考えだします。

それから時間術の本を何冊も読んだり、効率のいい人たちを参考にしたりして、トライ&エラーを繰り返します。

そこで気がついたのは「**仕事が遅いのではなく、やり方が間違っていただけだった**」ということです。

やり方をちょっと変えただけで劇的に仕事を時間短縮できたのです。

ちょっとした成功体験を積んだことで「これはもっと自分にもできる」と思うように。すると、途端にいろいろなアイデアが思いつくようになります。思考錯誤しているうちに〝効率よく仕事をする〟といった行為自体に気持ち良さを感じていました。

時間に追われていた時期とは明らかに違っていきました。

どんどん仕事は前倒しにできるようになり、仕事のスピードが加速していきます。

このとき、ついにいいサイクルが回り始めたのです。

それからほどなく私は〝定時に帰るトップ営業スタッフ〟になりました。そうなってから初めて「時間術って本当にスゴイな」と実感したものです。

このとき、私の営業成績は時間に追われていた頃の4倍にもなっていました。しかも、その頃より6時間も早く帰れたのです。ダメ営業スタッフ時代の私には考えられなかったことです。

その後、私は独立してコンサルタント、著者、大学講師になりました。どれも私の夢であり、やりたかった職業です。出版においては今までに80冊書かせていただいております。これもまた当時の私からは想像もつかないほどの恩恵を受けているのです。

時間術をマスターしていなかったら何一つ手に入らなかったでしょう。

時間術をマスターすれば誰でも結果を出せる

今は多くの会社様にお声がけ頂き、本を書かせて頂いたり、研修、講演をさせて頂いたりしております。本当にありがたいことです。

言っておきますが、私はごく普通の人間です。飛び抜けた能力もありませんし、企業や出版業界に全くコネはありませんでした。生まれも育ちも群馬県で、今もなお群馬県に住んでいます。そもそも元を正せば、ただのダメ営業スタッフです。

そこからトップ営業スタッフになったものの、とくにアドバンバンテージはありません。そんな私がなんとか結果を出せたのはひとえに〝時間術をマスターしたから〟にすぎません。

時間術をマスターすれば仕事が早くこなせるだけでなく、人との約束もしっかり守れるようになります。

仕事をしていて一番感じるのは「時間をキチンと守る人は少ない」ということです。どう考えても能力がある人ですら、なぜか時間にはあまいのです。

・メールを送っても返信が遅い
・いつまで連絡しますと言っても守らない
・締め切りを守らない

・約束の資料を送ってこない

などなど。こういった人たちが多いのです。

ということは、**時間に正確になれば、そんなその他大勢から抜け出せる**ということです。

私自身、お仕事のリピートをもらえるのは、締め切りや時間を守っているからなのです。たとえ能力が劣っていたとしても、選ばれることになります。

時間に追われてしまうのは単に〝時間術〟を知らないだけの話です。

ちょっとしたコツさえ覚えてしまえば簡単です。

仕事が早い人、時間が守れる人は貴重です。

時間を守り選ばれる人になってください。

トップ営業スタッフは時間をマネジメントしている

どうしてあんなに仕事をこなせるのだろう……、そう周囲から一目を置かせるほど仕事のできる人がいます。毎日仕事をテキパキとこなし、定時にはあがります。

その上、

・自分の趣味の時間
・恋人との時間
・家族との時間
・スキルアップのための時間

など充実した時間を過ごしている人がいます。

人一倍忙しいはずなのに、それに振り回されることなく、仕事や人生を楽しんでいます。あなたの周りを見渡しても、上司や友人、取引先の中にそんな時間の使い方が上手な人は必ずいるはずです。

ピーター・ドラッカーの言葉に「**時間は最も希少な資源。時間をマネジメントできなければ、なにもマネジメントできない**」というものがあります。時間のマネジメントこそ、仕事ができるようになるための必須条件ということです。

仕事の成果を出し、しかも早い時間で帰る人は、時間をマネジメントしています。これは能力ではなく**時間術をうまく利用しているか、利用していないかで決まってくるの**です。

過去の私の足を引っ張っていたものは〝すぐに手をつけない〟ということと〝仕事と時間帯がマッチしていなかった〟ということでした。

午前中をだらだらと過ごし、エンジンがかかるのは早くて午後からです。

しかし、後述しますが**人間が一番集中できるのは朝から午前中**です。

つまり、私は一番集中できる時間帯を完全に無駄にしていたというわけです。これでは結果が出ないのも当たり前の話です。

時間が経過して夕方にでもなれば、たいした仕事をしていなくても、それまでサボっていても疲れが出ます。こうしてさらに仕事の処理スピードが落ちていったのです。

まさに悪魔のサイクルです。それがすべてのリズムを狂わせていたのです。

今はその逆で〝ロケットスタート〟を意識しています。詳しくは次の章で話します。

こうなってからは、かなりの仕事量が楽勝にこなせるようになりました。

これは、突然能力が開花したのではなく、時間術を学び実行したにすぎません。

もちろん、私だけではなく、あなたも実行可能なのです。

第一章

「すぐやる」時間術

すぐやらずに後回しにすれば楽しい仕事も苦しくなる

現在、多くの企業ではDX（デジタルトランスフォーメーション）を取り入れています。最新のテクノロジーを駆使し、業務を効率化しているのです。その中で、相変わらず時間ギリギリまでタスクをこなし、余裕もなく苦しそうに働く人がたくさんいます。忙しそうに動いているように見えて、実はうまく仕事は進んでいないようです。

そんな時間の余裕がない人は、焦りからなのか仕事の優先順位があまく、すぐにやるべき仕事に手をつけず後回し（先延ばし）にしてしまいます。

この**後回しが、時間術にとって悪の根源であり、すべてを狂わせます。**

すぐやらずに後回しにしてしまうと、せっかくの最新ツールも機能しません。

実際、多くの人たちが「まぁ、後でじっくりやればいい」と、なんとなく先延ばしにし、締め切りが近づいてから「あれ、もう時間がないぞ」と焦ります。そんなときに限って急用が発生したりするものです。処理に時間をとられ、さらにギリギリに追い詰められてしまいます。この状態では、自分が持っている力を十分に発揮することなどできません。

私自身も後回しにして苦労するということを嫌というほど味わってきました。ハウスメーカーの営業スタッフ時代のことです。私は非常に効率の悪い仕事の進め方をしていました。

住宅営業は〝お客様の要望を形にする〟というのがメインの仕事です。良い提案をするために、お客様の要望を聞き取ることから始まります。

・予算はいくらか
・購入時期はいつがベストか
・リビングや部屋の広さは
・キッチン、洗面、お風呂、トイレのグレードは

・どんな外観が好みか

などなど……。

こういった要望をヒアリングして提案書を作成します。

ダメ営業スタッフ時代の私は、お客様からのヒアリング後、すぐに提案書を作成しませんでした。その理由は「じっくり寝かせてから考えた方がいい」と思っていたからです。

パンの生地ならじっくり寝かせることでイースト菌がほどよく発酵しますが、お客様の要望は早く形にした方が記憶も新しくメリットがあります。

それなのに、いたずらに引き延ばしているうちに〝ご満足いただける提案書を作ろう〟というモチベーションも下がっていきます。たいていは「次のアポは1週間後だし、今日やらなくてもいい」となっていました。

そうして3日経ち、4日経ち、なんだかんだと期限（お客様と会う日）が迫ってきます。ヒアリングから時間が経過すると記憶も曖昧になり、提案書の作成により時間がかかる上に内容も悪くなります。記憶をたどりながら「なんか違うような……」と悪戦苦闘しながら作成したものです……。こんな状態でお客様が満足する提案書を作れるはずがありません。

本来、提案書作りは楽しいものなのです。

しかし、**時間が経つと〝楽しい〟から〝苦しい〟に変わってしまいます。**時間がかかる上に、お客様の要望に対する精度も低くなってしまいます。

後回しにして良いことは何一つありませんでした……。

一番の時間短縮はその場でたたき台を作ってしまうこと

仕事ができる人は、周りの人から頼られて仕事量が必然的に増えていきます。

しかし、大量の仕事も手際よく処理していきます。はたから見ると楽しそうに仕事をしているようです。しかも、相手から喜ばれます。これほど充実感を覚えることはありませんよね。

例えばですが、聞き取った提案書を見せたとき「そうそう、こんなのが希望だったの！」と、お客様が感激してくれたらどうでしょうか。仕事をやっていて本当に良かったと思えるものです。

私がやっていた住宅営業もお客様の夢を形にする素晴らしい仕事です。お客様は「素敵なマイホームに住みたい」と夢を膨らませています。そこへ、平凡な提案書が提出されたらどうでしょうか。もしくは要望が抜けていたりしていたら……。見た瞬間に「あぁ、この程度かぁ……」とガッカリされるでしょう。ライバル会社がいれば当然競合負けするでしょうし、単独指名だとしても「今回は話を進めないでおこう」となってしまいます。

過去の私は、すぐやらないことでいいお客様まで逃していたのです。

私はダメ営業スタッフを7年間味わった後、トップ営業スタッフになりました。トップ営業スタッフになってからは担当物件が増え、1日の仕事量はそれまでの3、4倍になりました。

こうなると〝後でまとめて提案書を作成する〟といったことができなくなります。複数のお客様から要望を聞いているうちにゴチャゴチャになってしまうからです。

そこで私は**商談中にその場でお客様と一緒に案を考える**ようにやり方を変えます。**その場でたたき台を作ってしまう**のです。まさに〝すぐやる〟ということです。

それが一番の時間短縮になりますし、しかも、いい提案書ができることに気がつきます。大幅に提案書の作成時間が短縮される上にお客様の満足度も上がります。

一石二鳥のメリットがあったのです。

以前はいたずらに後回しにしていたため、ヒアリングのメモを見るものの、なかなか提案書作りははかどりません。時にはもう一度ヒアリングしたこともありました。これでは自分の時間はもちろんのこと、お客様の時間まで奪うことにもなるのです。

あなたも、お客様やクライアントの要望や意見などを資料としてまとめる機会があるでしょう。後回しにすれば、時間がかかる上にクオリティも低くなります。そうならないようにするためには、**お客様と一緒にその場でたたき台を作る**ようにしましょう。これは営業でもコンサルでも共通です。

この方法でやれば大幅に時間が短縮できますし、間違いなく結果もついてきます。

打ち合わせをしたら1分以内に手をつける

一番の時間短縮はその場で打ち合わせをしながらたたき台を作ってしまうことですが、それができない場合もあります。

お客様の検討度が低くて協力してくれないこともありますし、多くを語ってくれないときもあります。こんなときに「一緒にたたき台を作りましょう」と言っても乗ってこないのです。

営業スタッフ時代には、積極的ではないお客様も少なくありませんでした。質問しても「まぁ、そこまで真剣に考えていないので……」とかわされます。一見、検討度は低そうですが、客観的なデータ（家族構成、年齢、年収、自己資金）を見れば前向きな条件はそろっています。そのまま何もしなければ他社に取られてしまいそうです。わずかな情報から、何かプレゼン資料を作るしかない状況です。

このときにやっていたのが**接客が終わったら1分以内に手をつける**ということでした。お客様と別れたらすぐに提案書作りを始めるのです。これでずいぶんと時間短縮に成功しました。

これは今でもとても役に立っています。

私は今でも**仕事の依頼を受けたら1分以内に手をつける**といったことを続けています。

例えば、原稿の依頼を頂いたとします。打ち合わせ後、目の前にパソコンがあればワードを開き、ちょっとした外枠を作ります。パソコンがなければ手帳かノートにアイデアを書き出します。手元に何もなかったとしてもペーパーナプキンなどに概略を書くのです。

その場で書き留めたことは、メモ程度でも非常に価値があります。
これがどれだけ時間短縮に役立ったことか。
メモがきっかけとなり「そうだ、このポイントが大切だったんだ」と本格的に取り組む際、非常に役立つのです。

私にはたくさんの作家さんや著述業の知り合いがいます。どういうわけか、能力の高い方に限って執筆等にすぐに手をつけないようです。仲のいい著者仲間は「締め切りが迫らないと書く気にならない」と言います。案の定、締め切りに間に合わず「3日間缶詰にされて書かされましたよ。いやぁ〜参りましたね……」などと話したりします。

もし、**打ち合わせ後の1分以内にアイデアをアウトプット**していたら、何倍も楽に書けたはずです。

仕事の納期を守れるかどうかは**1分以内に手をつけられるかどうか**で決まるといっても過言ではありません。

この習慣が身につけば、かなりの時間短縮になるのです。

どんなに面倒なことでも少しでも手をつければゴールは見える

仕事をしていて「なぜか気分が乗らない」と感じるときがありませんか。それは〝面倒な仕事〟を放置しているときではないでしょうか。

やるべきこと（面倒な仕事）があるのは分かっているのに、なぜかやる気が起きません。

こういった**面倒な仕事は見ないフリをするのではなく、サッと片付けてしまった方がいい**のです。

少し前のことです。

役所からいかにも面倒な書類が届きました。少し目を通しましたが「こんなに難しくて面倒な書類、全くやる気になれない……」と放置してしまいました。

ただ、こういったものは完全に忘れることができず、頭の片隅にいつまでも残ります。本当に嫌なものです。

ずいぶんと放置した後、渋々やることにしました。それはリミットが近づいてきたからです。

嫌々ながらも「まぁ、分かるところだけやってみるか」と1つの項目に手をつけます。するとどうでしょう！　1つが2つ、2つが3つと次々に進んでいき、結果的にわずか10分程度で書き終わったのです。とても晴れやかな気分になりました。

書き終えた書類を見て「何でこんなに簡単にできるものから逃げていたのだろう」と後悔したものです。

どんなことでも、**少しでも手をつければゴールは見えてきます。**


これは営業活動でも言えることです。

営業スタッフで「やりたいのですが時間がなくて……」と言ってくる人がいます。こういった人の多くは、やるべきことに関してまったく手をつけていません。「あぁ、面倒くさそうだな」と頭で考えて、そう思い込んでいるだけです。

他の職業の方でも「忙しくてそんな余裕はありません」と言う人がいますが、ただ単に面倒に思えて何も手をつけていないだけだったりします。

少しでも手をつけるきっかけとして、ハーバード大学のショーン・エイカー博士が提唱している「20秒ルール」をご紹介します。物事をすぐに始められないと悩む人には、特に効果的な方法といわれています。

先ほどの私の例で、嫌々ながらも「分かるところだけやってみるか」と手をつけたことを話しました。このとき**面倒だったことは手をつけ始めたときの準備**です。この準備の時間が長いと、面倒な気持ちが勝ってやる気が消えてしまいます。

「20秒ルール」の基本は、**取りかかるまでの時間を短縮する**ことです。たった20秒早く準備をしておくだけで、やるべき行動に移りやすくなるのです。

例えば、勉強を始める前に教科書とノートを机の上に開いて置いておくと、すぐに勉強に取りかかれます。取りかかりの20秒ほどが短縮できます。また、早朝にランニングするために、ウェアやシューズを寝る前に準備しておくことで、早朝の準備時間を大幅に短縮できるでしょう。〝準備が面倒〟という理由でサボることが減ります。

このたった20秒のシンプルな工夫が、〝すぐにやる〟ことにつながり、先延ばしを防ぐのです。

あなたにも〝面倒で後回しにしている〟といったことがありませんか？

それが片付けば気分がスッキリし、仕事がスイスイ進むようになります。そして時間短縮につながるのです。

どんなことでも**始めてしまえば思っている以上に早くできてしまう**ものです。まずは一つだけやってみてください。

文章を書くスピードをスムーズに上げていく方法

私は毎日ブログを更新しています。元旦から年末まで３６５日、それをかれこれ20年続けています。

この20年の間に「書く内容が出てこない」という日もありました。そんなときは、パソコンを目の前にしてウンウンうなったりしていたのですが、うなっても何も出てきませんし進みません。時間が経つと「早く書かないと……」と焦ります。これではストレスが溜まるだけで、時間が無駄に過ぎていくばかりです。

ここで、すぐに文章を書くことができ、さらに書くスピードをグンと上げる方法をご紹介します。これを知っておくと資料作りなどにも応用でき、面倒な文章作成もすぐに取りかかれて、ストレスなく早く文章を書けるようになります。

私のブログですが2部構成になっております。

■菊原智明ブログ
https://plaza.rakuten.co.jp/tuki1/

第1部は
「今日は大学の授業日です」

「福岡ソフトバンクホークスが勝利して嬉しい」

「仕事と飲み会があります」

といった、今日の予定や趣味などのプライベートの内容を書いています。3行程度の短い文章です。

そして第2部では「ビジネス・コミュニケーション・営業活動などに役立つ情報」を提供しています。

実は、第1部の内容はメインである第2部とはまったく関係ないことを書いています。たわいもない文章ですが、これが文章をスムーズに書くきっかけになるのです。

例えば、朝パソコンの前に座り「今日はソフトボールの試合日です」と打ち込んだとします。少しでも指を動かすと脳が活性化されます。これがきっかけとなりスムーズに本題に入っていけるのです。

モニターに表示されている真っ白なワードに向かった際、途端に何も出てこないときがありませんか？　そんなときはまず「今日はこんな面白いことがある」などと打ち込んでみましょう。

書き始めの1分間をこうした内容には関係ない文章を打ち込んでみるのです。

もし、会社に提出する文章やお客様に送るメールを作るのなら、出だしの関係ない文章を最後に削除すればいいのですから。

文章作成にすぐに取りかかれて、書くスピードをスムーズに上げていく方法です。

ぜひお試しください。

嫌な仕事を手っ取り早く片付ける方法

誰にでもやりたくない仕事はあるものです。その1つは〝手間がかかるだけで意味のない提出物〟ではないでしょうか。

どの会社にもいろいろな報告書が存在します。日報、週報、経費精算、議事録、年間計画、月々の営業計画書……などなど。もちろん、中には意味を成すものもありますが、大半は時間を奪うだけでほとんど意味がないものだったりします。

私自身も営業スタッフ時代は、毎日数多くの報告や報告書の作成をしていました。

その1つが、上司への〝見込み客リストの作成〟でした。50～100件ほどの見込みあるお客様をリストから調べ、専用のシートに入力していくという作業です。コピー&ペーストでも1時間から長くて2時間はかかったものです。

時間と労力をつぎ込んだ割にほぼ意味を成さないものでした。それは、上司のためだけに出していたものだからです。その上司もほとんどチェックしていませんでした……。

こんなリスト作成に限らず、社内の提出物の中には時間がかかるばかりで、あまり意味のないことがあります。書かされるスタッフの時間と労力、そしてチェックする上司の時間もすべて無駄になります。こういった無駄な提出物が会社全体の時間効率を悪くしているのです。

とはいえ、「この報告書は無駄ですからやめましょう」とは言いにくいものです。本来なら改善した方がいいのですが……。

確かに意味のない提出物を作成することは無駄かもしれません。しかし、それ以上に**無駄なのが、仕事の文句をグダグダと言っている時間**です。

過去の私はまさにそれでした。グダグダと文句を言いグズグズしていました。そして、提出期限ギリギリまで書くこともしませんでした。それは、ささやかな抵抗だったのでしょう。これでさらに時間をロスしてしまいます。そんなことをしているならさっさと処理してしまった方がいいのです。

その後私は、上司に向けた提出物作成などあまり気乗りしない仕事に対して〝ゲーム感覚で行う〟という工夫をするようになりました。仲間がいれば簡単な賭けをするのもおすすめです。仲間や後輩たちと〝この書類の作成が一番遅かった人が、3時のおやつをおごる〟といったことです。ゲーム感覚で作業に取り組むのです。

こんなちょっとした工夫で退屈な作業が楽しくなります。1時間かかるところが、30分で終わってしまう事もよくありました。

仲間がいないなら〝この仕事が1時間で終わったらちょっと高いチョコを食べる〟と自分にご褒美を設定してもいいでしょう。

どんなに文句を言っても抵抗しても、結局はやらなくてはならない仕事はあります。そんなときはゲーム感覚でやってしまいましょう。

嫌な仕事ほど、**やり始めればあっという間に片付いてしまいます**よ。

〝あさイチ〟と〝再スタート〟はやることを決めておく

前々項で、私が毎日、それも365日ブログを更新していることを紹介しましたが、この話をすると「毎日よく続きますね」と驚かれるものです。もう慣れているのですが、毎日（毎朝）できるようになったのは、事前に〝あさイチ〟でやることを決めているからです。これは前述したハーバード流「20秒ルール」に近い方法論かもしれません。

具体的には、前日の夜に〝明日のブログのタイトルを決めておく〟ということです。決めると言ってもきっちり決めているわけではありません。「明日は〝上司とのコミュニケーション〟について書こうかな」とテーマを考えておく感じです。

そして、考えたタイトルをノートにメモしておきます。そのノートには、この他にも〝その日にやるべき仕事〟〝時間があったらやること〟などもリストアップして書いておきます。ノートの活用法については第5章で紹介します。

朝起きてノートを見てブログを書き始めます。

前日に今日やることをノートに書いておくと、あさイチから迷いがなくなります。思考の無駄な寄り道をしなくなることで、考える時間と書く時間（行動する時間）が一気に短縮できるのです。

もし前の日に何も準備しなかったらどうなるでしょうか。ブログのタイトル（テーマ）が決まってなければ、あさイチから「何かネタがないかな」と探し出します。そこでネットを見たり、メールを開封したりしていると間違いなく興味や注意をネットやメールにもっていかれてしまい、ブログ作成どころではなくなります。

とにかく、**前日の夜までに、翌日のあさイチでやることを決めておきましょう。**

これは、仕事内容にもよりますが、勤務時間中の休憩から仕事を再スタートするときにも使えるアプローチです。

仕事をしていて休憩をとるとします。休憩に入る際に**〝休憩後にすること〟を決めておく**のです。すると休憩後、スムーズに無駄なく仕事に戻れます。休憩後にすることを決めておかないと、「ちょっとSNSでもチェックして……」と仕事に関係ないことをしてしまいがちです。チェックだけで終わればいいのですが、SNSに注意をもっていかれたり、仕事への集中力が切れてしまうことが起こるでしょう。こうなると仕事以外のことが気になったり頭が冴えなくなり〝やるべき仕事〟ができなくなってしまうのです。

あさイチですることと、再スタート時にすることを決めておきましょう。ちょっとしたことですが、時間ロスは確実に減らせます。

第2章

「すぐやる」朝時間

〝朝が苦手〟というメンタルブロックを外す

第一章の終わりに〝あさイチ〟の話をしました。

「朝」は体の疲れがとれていますし、寝ているうちに頭も整理されています。**「朝」ないし「午前中」は、私たちにとって一番効率のいい時間帯**です。**できる人は、総じて早起きで、お昼までにはその日の仕事のほとんどを片づけていたりします。**私も〝朝活〟を実践しています。**時間術に長けた人たちは、朝、午前中の動きを大切にするの**です。

こんな話をすると「それは分かっているのですが、朝が苦手でして……」と言う人が出てきます。時間術を考える上で、まずはここから乗り越える必要があるでしょう。

どんなことでも〝自分にはできない〟というメンタルブロックを払拭しない限り、自分を変えることはできません。実際「私は朝が弱い……」と思い込んでいるだけで早起きをやってみたら「弱くなかった!」なんてこともよくあります。

夜型の人も習慣を変えれば間違いなく朝型になれるのです。これは自信をもって断言できます。何を隠そう、私自身が超夜型の人間でしたから……。

中学生、高校生時代の私は、ゲームにハマり毎日深夜まで夜更かししていました。そんな10代から夜型生活は始まり、大学生時代はコンビニで朝の4時までアルバイトです。深夜というより朝まで起きていたという感じです。そのときは朝が弱く、夜になればなるほど頭が冴える体質だと思い込んでいたものです。

これは社会人になっても変わらず、深夜の2時過ぎに寝るといった生活を30歳まで続けていました。晩酌もしていたため、学生時代よりさらに朝の寝起きがつらかったことを覚えています。このときはまさか自分が朝型になるとは夢にも思っていませんでした。

そんな私ですが、**少しずつ早く起きることで起床サイクルがどんどん前倒しになっていきます**。気づけば朝に強い体質になっていたのです。

はじめから一気に早起きになったわけではありません。時間をかけて徐々に変わっていったという感じです。

〝生まれつき朝が弱い〟などという人はいません。ちなみに私は低血圧ですし、ショートスリーパーでもありませんし、やる気満々でモチベーションが高いタイプでもありません。

どんなに朝が弱いという体質の人でも必ず変われるのです。

ここから朝の活動について紹介していきますが、まずは〝朝が苦手というのは思い込みでしかない〟ということを知ってほしいのです。

朝スパッと起床するための2つのテクニック

「早起きした方がいい」ことは知っていても、早起きの習慣化はできないことの断トツ一番にあげられるかもしれません。今でこそ私は早起きを習慣化していますが、早く起きられない過去がありました。

早起きができない頃は、起きてからの準備もせわしなく、出社時間もギリギリになります。時間的にも精神的にも常に余裕がない状態でした。

こうなると些細なことでイライラします。車で通勤中、前の車に腹を立てたり、会社ではちょっとした一言でイラっときたりと……。そうしてストレスまみれの日々を送っていたのです。

30歳を過ぎたときのことです。徐々に営業で結果が出るようになったことをきっかけに「生活リズムを改善したい」と思うようになります。

手始めに、1時間早く起きることにしました。一応、1時間早く起きられたものの、日中頭がボーッとして使いものになりません。逆に仕事の効率が落ちてしまいました。はじめの朝活は失敗に終わったのです。

そこで睡眠についての本を読んだり、知識を得て、たくさんのテクニックを実行したところ効果が実感できたものは次の2つでした。

1つは、**睡眠時間を1・5時間（90分）単位で設定する**ということです。

睡眠には2種類（ノンレム睡眠とレム睡眠）あり、それを交互に90分周期で繰り返します。そこで90分間単位で睡眠時間を設定してみたのです。これだけで目覚めが良くなりました。

毎日同じ時間に寝て同じ時間に起きると良い、とも本に書かれていました。

しかし、仕事やプライベートの付き合いもあり、毎日同じ時間に就寝したり睡眠時間を確保することは難しい状況です。それでも、睡眠時間を起床時間に合わせて4・5時間、6時間、7・5時間と1・5時間（90分）刻みで目覚まし時計をセットするようにしたのです。

7・5時間の睡眠がベストですが、6時間でも比較的楽に起きられました。4・5時間睡眠は少し厳しかったですが……。**人間の体は90分（1・5時間）周期で目が覚めるようにできているようです。**眠りにつくとき、7・5時間後、もしくは6時間後に目覚まし時計をセットしてみてください。断然楽に起きられるようになります。

もう1つ工夫したことは、**朝起きてからすることを決めておく**というものです。私の場合、これは第1章で紹介した「ブログ更新」になります。

早起きを始めた当時は、ちょうどブログが流行り始めたときで、私は〝朝ブログを書く〟ことを楽しみにしていました。

朝起きて何をするかという目的があると、断然目覚めが良くなります。

ポイントとしては昼間や夜はしない事です。それを朝以外でやってしまうと次の朝の楽しみが薄れます。「朝しかできない」状況を作ることが大切です。

ゲームが好きな人は〝朝にゲームをする〟というのでもいいですし、読書が好きな人であれば「朝起きて本を読もう」というのでもかまいません。私の知り合いには、寝る前に食べると太るので朝起きてケーキやお菓子などの甘いものを食べるという人がいます。朝以外は我慢しているため、朝になるのが待ち遠しいと言っています。

このように、**自分が一番好きなことを朝にもっていくと格段に目が覚めやすくなります。**

・90分単位に起きる時間を設定する
・朝起きてやること（楽しいと思うこと）を決めておく

これを実行していけば、今までより何倍も楽に早起きできるようになるでしょう。

目覚ましが鳴ったらすぐにベッドから飛び起きる

もう1つ、朝の起き方についてお伝えします。それは**目覚まし時計が鳴ったらすぐに飛び起きる**ということです。

この話をすると、「起きなきゃいけないと分かっているのですが、どうしても二度寝してしまいます」という意見が出てきます。

一度起きてからもうひと眠り、これが至福の時間という方も少なくありません。この強敵をなんとかする必要があります。

ここで知ってほしいのは、**二度寝にメリットはない**ということです。

10分、20分では深い睡眠に入ることは無く、メラトニンなどの有益なホルモンの分泌もありません。

気持ちがいいというメリット以外は時間を浪費するだけなのです。

その場で起きてしまえば苦しいのは1回ですが、二度寝をすれば目覚めの苦しさを二度味わうことにもなります。それを分かってほしいのです。

そして次は起き方です。起床方法についてはいろいろあり、私も試しました。目覚まし時計が鳴ったら一気に起き上がらず、ベッドの中で手首や肩を回し、徐々に体を動かしてから起き上がるといった起き方を唱える人もいます。私は体を動かしているうちについ寝てしまうこともありました。意外に面倒で、体を動かしても眠気の方が勝ってしまうのです。いろいろなツールも試しましたが、これもダメでした。

試行錯誤をしながら分かったのは**1秒でベッドから飛び起きる**という方法です。冬場は特に効果的で、布団から出れば寒さで嫌でも目が覚めます。

どちらにせよ起きることがつらいなら、その時間を短くして、スパッと起きてしまう方が得策です。しかも、3日も続ければだんだん慣れてきます。

目覚まし時計が鳴ったらすぐに飛び起きる、これが寝起きの一番成功率が高い方法です。

ぜひ明日から挑戦してみてください。

まずは30分の早起きから始めよう

起床するときのポイントをお伝えしました。では、どのくらい早く起きて朝の時間をつくれば良いのでしょうか。まずは、**今の30分前を目指して始める**ことをおすすめします。30分早く寝て30分早く起きる。これなら比較的すぐに挑戦しやすいと思います。「自分には30分の早起きも難しい」という人もいるでしょう。

私は、時間術のセミナーで夜型という参加者に「**1日1分ずつ早く起きる**ようにしてください」とアドバイスしています。1日1分でも1カ月で30分早く起きることができるようになります。この方法で早起きになったセミナー参加者はたくさんいます。一気に30分早く起きればリバウンドすることもありますが、1日1分早めていくくらいなら大丈夫でしょう。明日からさっそく1分早く起きてみてください。30分早く起きられるようになり、完全に習慣化した頃、必要であれば起きる時間をさらに早くしていけばいいのです。

私自身も早起きをし始めたときは朝7時30分に起きていたのを7時にしただけです。

そもそも私がなぜ30分早起きしようと思ったかというと、会社へ30分早く行くためでした。そこで仕事を片付けたいと思っていたからです。

誰もいない会社はなんだか気分がいいのです。電話が鳴るわけでもなく、誰かに邪魔されることもありません。途中で仕事が途切れることなくスイスイと業務を処理することができるのです。

ちょっとした仕事を朝のうちにこなしたことで、「既にひと仕事をしたぞ」という優越感をもつことができます。これは気持ちのいいものです。一度体験したらやめられなくなります。

あなたの会社でも、とにかく早く出社している上司はいませんか?

その上司は、おそらく朝の気持ち良さを知っているのだと思います。私もその気持ち良さを体験してから30分前出社がやめられなくなりました。

会社によっては早く出社できない場合もあるでしょうし、早く出社しても既に何人かは早出をしている会社もあるでしょう。

そのような事情があるときは30分を家で過ごしてもいいですし、お気に入りのカフェなどで過ごしてもいいのです。そこで、ちょっとした仕事をしたり、今日の予定を考えたりします。

また、好きなことをしたり、ゆっくり朝食を食べたりしてもいいでしょう。これも立派な朝活です。

たとえ仕事をしなかったとしても戦闘態勢を整えられ、非常にいいスタートが切れるのです。

二度寝の30分や夜更かしの30分には全くメリットはありません。しかし、30分早く起きることで、さまざまな恩恵を受けることができます。

ぜひ、今日から1分早く寝て1分早く起きることをスタートしましょう。

必ず想像以上のメリットを実感できます。

朝はマイナスの情報をシャットアウト

知人の多くは「朝はニュースを見ながら食事をしている」と言います。これはできる限り避けた方がいいと思っています。という私もかつては毎朝、時間はなくてもテレビをつけてニュースを横目で見ながら支度をしていました。通勤時の車の中でも、やはりニュースを聞いていたものです。

さて、ここで考えてみましょう。朝のニュースからどんな情報が流れてくるでしょうか？　８割以上が悪いニュースです。

・不景気な話題
・政治での問題
・紛争など各国の戦争
・殺人事件、事故、いじめ

などなど……。

ニュースの大半はネガティブで朝からテンションが下がるような内容で占められています。

そんな情報を朝から聞いたらどうでしょうか。多くの人は、支度をしながら実は会社に行きたくないと思っている中でです。ますます会社へ行くモチベーションが下がってしまうのではないでしょうか。

人間には顕在意識と潜在意識があります。

潜在意識は〝いい事も悪い事も判断できない〟という法則があります。ですから外部からのマイナスの情報をシャットアウトできません。良いも悪いも関係なく影響を受けてしまいます。

朝起きて「あぁ、もう朝かぁ会社嫌だな」と自分でマイナスの暗示をかける

↓

悪いニュースを見てモチベーションを下げる

↓ますます会社に行きたくなくなる

ちなみに、アメリカのペンシルベニア州立大学が行った興味深い研究があります。ある日の朝、25〜65歳の240人を対象に「今日はどれぐらいストレスがかかると思いますか？」と質問し、日中に認知機能のパフォーマンスを評価するという実験を行ったところ、朝の段階でストレス予測が高かった人ほど認知機能が低下したことが確認されたそうです。つまり、朝にストレスがかかることを予測するだけでも脳はそのパフォーマンスを低下させてしまうことがわかったのです。

朝、ニュースを見るということは、自らモチベーションと脳のパフォーマンスを下げるような行動です。私はわざわざ会社に行きたくなくなるような習慣を続けていたのです。これでは朝から仕事がうまくいくはずもありません。

そんなある日のこと、転機が訪れます。何かの情報を見て、私は「目標達成の音声

CD」を購入します。仕事がどん底状態だった私にその情報が響いたのでしょう。安くはありませんでしたが、思わず買ってしまったのです。内容的には物事をプラス思考で考えたり、目標を実現するように前向きに考えたりするものです。言ってみれば、自己啓発系の本に載っているようなよくある内容です。

そんな目標達成の音声を聞いただけで結果は出なかったものの、意外なところでいいことがありました。朝起きたときや通勤時にこの音声を聞くことで、ネガティブなニュースやマイナス思考をシャットアウトできたのです。すると、朝から仕事へのモチベーションが上がりました。マイナスの情報の替わりにプラスの情報が入るようになったのですから当然、今までの何倍もモチベーションが上がった訳です。

さらに、いつの間にか会社に行くことが苦痛ではなくなっているではありませんか。もう、これだけでも十分なメリットがあったのです。

このように、特に**朝は、無意識のうちに入れているマイナスの情報をシャットアウトして自分にプラスになる情報を取り入れるようにしましょう。**もちろん目標達成の音声などでなくてかまいません。好きな音楽でもいいですし、資格の勉強でもいいのです。これを習慣化できたときには毎朝楽しく会社に向かうことが実現しているでしょう。

朝のニュースはあえて情報不足に

朝からネガティブなニュースを見ない方がいい、と聞いて「そうかもしれないけどニュースをチェックしなければ話題についていけなくなる」と言う人もいるでしょう。

しかし、心配はありません。今は便利な「まとめサイト」があります。

ニュースが気になるならニュースのまとめサイトのアプリをスマホに入れてもいいですし、ネットで検索してお気に入りに登録しておいてもいいでしょう。その「まとめサイト」をさらっと読めば大体のニュースやその内容が手に入ります。

これだけでも、朝30分くらいの時間が短縮できます。

以前、営業のセミナーでこの話をしたところ、参加した営業スタッフが手を上げて「まとめサイトの情報だけではお客様に話ができないから困るんですよ」と発言しました。

実を言うと情報は足りないからいいのです。

人は話を聞きたいのではなく、話したがっているからです。

例えばスマホで「コンビニの○○スイーツが大流行」というニュースの見出しだけを目にしたとします。これでは情報が足りない訳ですが、営業の訪問先で「今朝ニュースでコンビニのスイーツが大流行ということを知ったのですが、ご存じです？」と質問をしてみるのです。このニュースを知っている人やスイーツに詳しい人であればいろいろ教えてくれるでしょう。情報が足りなかったとしても、それだけで話のきっかけになり、さらに相手が気持ちよく話してくれることにもつながります。これを繰り返していけば人と会うたびにこちらの情報も充実していくのです。

これとは逆に情報をたくさん得ていたらどうでしょうか。「○○スイーツが流行っているんですよ。あれは見た目よりカロリーが低く……」と思わずこちらが話をしたくなります。スイーツに興味がない人にとってはつまらない話題です。人によってはうんざりするでしょう。このように普通の情報提供でしたらまだましです。

これが「今日、虐待の事件見ました？　2歳の子どもが……」と詳しく説明されたらどうでしょうか……。こんなことを朝から聞かされれば、まず間違いなくいい気分にはなりません。商談もいい方向にはいかないのです。

人はどんな話だとしても一方的に聞くのは嫌なものです。何かを説明されるより、自分で話した方がいい気分になるのです。

商品知識については詳しく知っておく必要がありますが、ニュースなどの情報はあえて情報不足にしておきましょう。

朝4時起きで結果を出す

ここからは朝活マスター級の朝時間活用法を紹介します。

朝（午前中）の時間帯を有意義に過ごすための早起き&朝活ですが、朝活で最終的に目指す時間（朝活のためのベストな起床時間）は何時だと思いますか？

私が考えるベストは〝朝4時起き〟です。これ以上早くするとデメリットも出てしまいます（詳しくは第3章）。

4時起きといっても、いきなり4時に起きるというのは無理があります。前述しましたが、まずは1日1分ずつ早起きして30日で30分の朝活時間を作りましょう。30分まで到達したら、しばらく30分早起きで過ごします。完全に体に染みついたらそこからまた1日1分ずつ早くしていきます。これを続けていけば最終的に朝4時起きの習慣が身につきます。

私は数年かけて朝4時起きにたどり着きました。焦らずゆっくりで大丈夫です。

朝4時に起きられるようになったら朝活マスターの領域になっています。この時間帯は誰にも邪魔されない、あなただけの時間です。朝の準備までの時間（身支度をしたり、朝食を食べたり）が6時なら2時間、7時までならなんと3時間も自分の時間が確保できるのです。**この時間を仕事や仕事の準備にあてると、驚くほど仕事のスピードは上がります。**

朝活マスターになるとこの時間帯でほとんどの仕事を終わらせることも可能になってきます。私自身、この時間帯で重要な仕事のほとんどをこなせるようになっています。

もちろん「仕事のメインは会社に行ってから」という人もいるでしょう。その場合は、その時間を〝重要だけど緊急でないこと〟にあててみてください。

何かの分野のプロフェッショナルになりたいなら専門書を熟読するのでもいいですし、カッコいい体を目指すなら筋トレでもいいです。

あなたの未来のためにこの時間を使ってください。これは最高の時間になります。

〝朝4時に起きて仕事や自分の未来のために時間を使っている〟という人はほとんどいません。これを続けていて、うまくいかない方が不自然だと思います。

今までスポットライトを浴びている人や勝ち組の人を見て「私とは住む世界が違うなぁ」などと思っていた方もいるでしょう。「私だって時間さえあれば……」などと言い訳をしながら悔しい思いをしてきたはずです。

今までやりたかったこと、諦めていた夢のために朝活時間を活用してチャレンジしてほしいのです。

大人になってから勉強する人も少ないですし、夢を実現させるための時間をとっている人などほぼいません。

朝活の時間を活用すれば、これからでも十分逆転可能なのです。

朝活のマンネリはちょっとした脳への刺激で打破する

朝活は、「毎晩同じ時間に寝て毎朝同じ時間に起きるルーティーン」がポイントになります。

私は**毎日のルーティーンを大切にしています。**朝起きて軽く準備をしたらすぐにブログを書き始めます。３６５日、毎朝４時に起きて朝５時にブログをアップするのです。

私の生活パターンを知っている人から「毎日同じことをやっていて飽きません

か？」と聞かれることもあります。飽きない理由は〝ちょっとした変化を楽しんでいる〟からです。

毎日同じ時間にブログを更新していますが、内容は毎日変えています。

・営業に役立つこと
・コミュニケーションについて
・時間術
・結果の出る考え方

などなど……と、テーマを毎回変えています。

日常にいろいろなネタ（テーマ）は転がっています。それをメモしておき「明日はこのテーマでいこう」と楽しみながら続けています。

些細《ささい》なことですが、この**ちょっとした変化を感じられると、日常は新鮮に感じられる**のです。

脳科学に詳しい知人から「脳はぐうたらなので、定期的に新しい刺激を与えるべき」と教えてもらったことがあります。

大人の脳は体重の2％程度しかありませんが、全身で消費するエネルギーの約20％も消費しているといわれています。非常に燃費が悪いのです。そこで脳は無駄な燃料を使わないために同じことは「今までやってきたことだな、じゃあ楽をしよう」とスルーするようになります。これが続けば脳は怠けるようになり、やがては飽きにつながってしまうのです。

朝起きてすることに飽きてしまうと「明日くらいは起きなくてもいい」と思ってしまいます。行動をルーティーン化することで脳が飽きてしまわない〝ちょっとした刺激〟を脳に与えるよう意識しましょう。

文章を書いている人でしたら、

・内容やジャンルを変えてみる
・文字量を増やしてみる
・文章の組み立てを少し変えてみる

・写真やコラム的なものなど何かを足してみる

これくらいの変化を意識してみるのです。イメージ的には全体の5％ほどを変化させるという感じです。

こんな些細なことでも脳はワクワクしてくれるそうです。

朝活を継続させるために、脳を飽きさせないように少しずつ刺激を与えましょう。

これが数年続けば、目覚まし時計なしで同じ時間（それも早朝）に起きられるようになります。

第３章

仕事にマッチした時間帯がある

仕事にはそれぞれ適した時間帯がある

私自身、長期にわたり時間の使い方についてトライ&エラーを繰り返してきました。効果があったものはそのまま続け、ダメだったものはやめるか改善していきます。朝早くに出社するようになり、さらに効率的に仕事を進めようと試行錯誤をしているうちに成果も上がり、さらに時間術もどんどん身についていきます。その時点で午前中にほとんどの仕事が終わるまで成長していたのです。

そうなると、午後は時間に余裕が生まれてきます。

何もしないのでは時間の無駄なので、私は裏方のスタッフさんやパートナー会社の方とのコミュニケーションを午後にとるようになりました。もちろん、仕事の邪魔をしないようにですが。

はじめこそ「暇だから顔を出してみるか」といった軽い気持ちでした。とくにリターンを求めていなかったものの、このコミュニケーションによって格段に周囲の人たちとの関係性が良くなりました。結果的に周囲が今までの何倍も私に協力してくれるようになったのです。

自分の周りに協力者や味方が増えれば百人力です。ミスをカバーしてくれますし、クレームになったとしてもみんなが手を差し伸べてくれます。こうして、さらに仕事がうまく回るようになっていきました。

当然、すべての仕事が就業時間内に終わるようになります。早く帰って早く寝るようになれば、自然と早起きになります。朝活の時間もどんどん増えて、仕事が前倒しになっていきます。こうして仕事の効率が最高の状態になっていったのです。

この頃、**仕事にはそれぞれ適した時間帯がある**ということに気づきます。**朝には朝に向いている仕事があり、午後には午後に向いている仕事がある**のです。それを実感していたものの、学術的な裏付けには出合っておらず、自分の感覚的なものとして捉えていました。

そんなある日のこと。フィジカルについての本で「**3サイクル理論**」に出合います。

この3サイクル理論を自分の仕事に当てはめてみたところ、さらに取り組んでいる内容がスムーズに進んでいきます。そうしてまた一歩〝時間術マスター〟に近づいたのです。

人は3つのサイクルで動いている

では、3サイクル理論の3つのサイクルについてお話しします。

まず、1日(24時間)を8時間ごとに3分割します。

人の体は8時間ごとに排泄(アウトプット)、摂取(インプット)、吸収(アブソーブ)の3サイクルで回っていると考えます。

食べる、活動する、寝るといった人間の活動には、生理的に適した時間帯があるのです。その時間帯が8時間ごとに1日に3つあるという訳です。これは、もともと人間に備わっている活動サイクルです。

仕事が早い人、効率よく仕事ができる人というのは、意識的か無意識かは別として、

この体が持っている活動サイクルと仕事内容をうまくマッチさせていると考えられます。

私はこの３サイクル理論を知ったとき「あぁ、だからあの時間帯では頭が働かなかったんだな」と理解できました。

この体の活動サイクルやメカニズムを知ると、その時間帯に合った活動をするように、日々の行動も変わっていきます。学者レベルまで詳しくなる必要はありませんが、ある程度知っておけば、その時間帯でストレスなくスムーズに体や頭が働くようになります。

３サイクルの時間帯は次のようになっています。

３サイクル（24時間を３つに分ける）

①排泄のサイクル（4時〜12時・アウトプットの時間）

排泄する機能がもっとも効率よく促進される時間帯

②摂取のサイクル（12時〜20時・インプットの時間）

食べ物をとり入れて消化する時間帯

③吸収のサイクル（20時〜4時・アブソーブの時間）

食べ物の栄養を吸収していく時間帯

この3つの時間帯に体や頭が働きやすい生理的活動が割り振られています。

このことを知り、その**時間帯に合わせた働き（活動）をすると作業等の効率化が加速していく**と思っています。

3つのサイクルのそれぞれの時間帯について、実際に仕事にどう活かしていくのかを説明していきます。

〝アウトプットの時間〟4時から12時

3つのサイクルの1つ目をご紹介します。朝4時から12時までの時間帯です。この時間帯を「アウトプットの時間」と呼んでいます。生理的活動としては主に排泄が活発に行われ、老廃物を体の外に出す時間帯になります。食べたり飲んだりしたものから、体に必要な栄養分を吸収し、残った老廃物を体の外に出すという活動です。

近年〝デトックス〟をする人が増えました。いいものを体に入れても悪いものが溜まっていれば吸収できず効果は低くなります。

まずは出すことが優先なのです。

これを仕事に当てはめれば、朝4時から12時までは脳から何かを出す時間帯に向いていると考えられます。

具体的には、

・企画書を作成する
・文章を書く
・提案書、見積書を作成する
・アイデアを出す

といった**クリエイティブワークの仕事に向いている時間帯**なのです。

イメージとしては〝取り入れた情報が寝ている間に整理され、ベストの状態で出てくる〟といった感じです。

朝4時は早すぎるかもしれませんが、早朝から正午までは活動可能だと思います。この時間にしっかりとアウトプットしてください。

さらにこの時間は、時間短縮において有利な条件があります。

第2章で少し触れましたが、朝は睡眠から覚めた1日の始まり、つまり疲労がとれて体力が満タンな状態です。さらに、寝ている間に頭も整理され、脳を混乱させるような余計な情報があまり入ってきていません。**ベストな状態でアウトプットができる**

のです。

つまり、**朝の時間は仕事のゴールデンタイム**なのです。

アウトプットの時間にクリエイティブワークをする

前項で触れた通り、朝4時から12時までは「出す時間帯」ですのでアウトプットの仕事に向いています。体的にも価値のある時間帯なので、無駄に過ごしてはもったいないです。

少し見方を変えて、効率的な生産性の観点からこの時間帯を他の2つの時間帯と比べると、4、5倍もの生産性が発揮できるのではないかと感じます。

営業スタッフ時代のことです。上司からチラシの企画書を出すように言われたことがありました。

夜遅くまでお客様への訪問活動をしていたため、企画書作りに取りかかったのは営業を終えた20時過ぎです。20時というのは3サイクル理論でいう吸収の時間帯に入ります。吸収する時間帯に企画書作成というアウトプットな作業をする訳ですから、なかなか調子が出ません。疲れているせいか時間が経っても企画は進まず、それどころか時間が経てば経つほど、どんどん行き詰まっていきました。結局、1つの企画を考えるのに3時間もかかったのです。内容も全く満足できるものではなかったものの最後は強引に終わらせたという感じでした。

そして翌日、その企画書を上司に提出します。当然いい評価ではありません。上司は私の企画を採用せず、他のスタッフにお願いしていました。あの苦しんで考えた3時間は全くの無駄になりました。

朝から仕事をしている人にとって20時過ぎは疲れている時間です。また、日中にさまざまな情報が入り、頭は混乱状態です。こんな状態では思考はまとまりませんし、いいアイデアも出ません。アイデアを出すのに最も向いていない時間帯に企画書作りをやってしまっていたのです。

後日のこと、別の企画を上司から依頼されます。その夜、どうしても外せない仕事があり、やむを得ずその日は家に帰り、翌朝早めに出社して企画書作りをすることにしました。

始業時間の2時間前に出社して考え始めます。始業までに終わるのかと不安に思いながら始めましたが、なんと30分もしないうちにすべて終わってしまいました。しかも、今度は自分でも納得のいく内容でした。上司に提出したところ非常にいい評価もいただいたのです。

疲れている夜の3時間より、朝のアウトプットに向いている時間の30分の方が何倍も生産性・効率性に優れ、時間的価値があります。夜考えていたことを朝することで2時間以上の時間が短縮できたのです。特に企画書、提案書、文章などのアウトプット系の仕事は、成果が顕著に現れます。睡眠で脳が休まったこともあり、ひらめきが生まれやすくなります。

考える必要のある仕事は、早く寝て早起きして取り組んでみてください。それだけで仕事（成果）と時短に断然効果があります。

アウトプットの時間帯を1分たりとも無駄にしてはならない

ダメ営業スタッフ時代の日常のことです。当時の私は貴重なアウトプットの時間を浪費していました。これは後悔しかありません。

朝ミーティングをして、それが終わればコーヒーブレイクです。上司が出かければ、ネットでゴシップネタを読み漁ります。お客様への提案書の作成や会社への提出書類など、やることはたくさんあるのですが、なかなか始めません。

「まだ目が覚めてないからウォーミングアップしないと」などと自分を正当化しながら時間を無駄にしていました。重い腰を上げやっと仕事に取りかかるころにはお昼近くになっていた、なんていう日もあったのです。

当時の私は、上司から「この資料を明後日までにまとめておくように」と言われてもすぐには手をつけませんでした。「まぁ、まだ時間はあるし」といたずらに先送りします。こうしていつも期限ギリギリになり〝頭が回らない時間帯〟でウンウンうなりながら考えていたのです。

今できることをやらないというのが、私の長年の悪習慣でした。後回しにしたところでやる気はまったく起きません。今考えてみれば当たり前のことです。アウトプットがスムーズにできるベストタイムを逃し、向かない時間帯になってから苦しんでいたのですから……。

午前中は体力や集中力も高く、仕事をする上で最も効率のいい時間帯になります。

「一分でも無駄にしない」という気持ちで仕事に取り組んでみてください。

イメージとしては始業から12時までの間に重要な仕事を終わらせるように心がけるのです。

知り合いの編集者は企画をまとめたり、文章を編集したりする作業を12時までにすべて終わりにします。午後は著者やデザイナーさんとの打ち合わせの時間に使います。そして定時にキッチリ仕事を終え、家に帰っているのです。「編集者は深夜まで働いている」というイメージがありますが、中にはこんな人もいるのです。

また、12時までに重要な仕事が終われば、ランチを食べそびれるということもなくなり、**お昼はいいリラックスタイム**になります。お昼の効果的な過ごし方については第6章でご紹介します。

アウトプットの時間帯で集中して仕事をこなし、ゆっくりランチでリフレッシュ。そして午後の時間に臨む。このように**メリハリをつけることが大切**です。

〝インプットの時間〟 12時から20時

2つの目のサイクルは12時〜20時までの時間帯です。この時間帯を「インプットの時間」と呼んでいます。生理的活動としては主に摂取を行い、食べ物や飲み物を体内に取り入れる時間帯になります。

こう聞くと「朝ご飯はどうなるの？」と疑問に思うかもしれません。意外にも朝食の習慣は歴史が浅く、日本では江戸時代中期からといわれています。朝食が7時頃、昼食は12時頃、夕食は19時頃といった1日3食の食事習慣が定着したのがこの頃で、それまではお昼と夜に食事をとる1日2食が一般的でした。人類の歴史は約700万年といわれていますが、朝食をとりだしたのはたった300年前からで、人類史的には極めて最近の話なのです。

12時から20時のインプットの時間帯は情報を積極的に取り入れることにフォーカスします。

・お客様との商談
・スタッフとの打ち合わせ
・ネットで情報収集
・人とのコミュニケーション

などにマッチした時間帯といえます。

午後になると多少疲れが出てくるためアウトプット系の作業効率は落ちます。**この時間帯はどんどん行動して情報を取り入れた方がいい**のです。営業職の方であれば商談などのアポイントもこの時間帯がベストです（もちろん、お客様の都合もありますが）。

お昼休憩後はお腹もいっぱいになり、仕事の効率は落ちていきます。寝不足のときはもちろんのこと、十分な睡眠をとっていたとしてもこの時間帯は眠気に襲われます。この状態で頭を使う仕事は非効率です。

そうであればスタッフとの打ち合わせやお客様との商談にあてた方が効果的です。人を相手にした商談やコミュニケーションは、嫌でも目が覚めます。トップ営業スタッフはこの時間帯にコミュニケーション活動をしていたりします。

このようにインプットの時間を活用すれば、今よりもっと楽しくなりますし、何倍も結果が出せるようになります。

時間や手間がかかる作業や単純作業はインプットの時間にする

ここまでの話を簡単にまとめれば、頭を使う仕事を「アウトプットの時間」、体を使う仕事は「インプットの時間」ということになります。

最初のうちは、アウトプットの時間内に重要な仕事を終わらせてしまうというのは、難しく思えるかもしれません。まずは、自分の仕事内容を見て次の2つに分けることから始めてください。

- 頭を使う重要な仕事
- そうでない仕事

これをできる限りそれぞれベストな時間に割り振ればいいのです。

では〝そうでない仕事〟の詳細について説明をします。

あなたの1日の仕事は、必ずしも頭を使う仕事ばかりではないはずです。時間や手間がかかる作業や単純作業が多く存在しています。

時間と手間がかかる仕事

・マーケティングのリサーチをする
・銀行や役所などの手続きに行く
・会場などの下見に行く

単純作業

・郵便物の宛名を書く
・お客様リストを作る
・定期的な事務処理や書類の作成をする

などです。

このような仕事は重要でなくとも意外と時間をとられます。場合によっては、2時間も3時間もかかることがあるかもしれません。

比較的に頭を使わない作業、同じことを繰り返すような作業はインプットの時間にやるといいでしょう。**午前中に頭を使う仕事を終え、時間や手間がかかる仕事や単純作業はインプットの時間にする**、としただけでも効果はあります。

一番もったいないことはアウトプットの時間に単純作業をしてしまうことです。そしてインプットの時間で重要な仕事をすることになります。

このように逆のことをしてしまうと、ストレスになりますし、なにより膨大な時間を無駄にすることになるのです。

やるべきことがどんどん先送りになるとストレスが溜まってしまいます。

とにかく重要な仕事を12時までに終わらせ、それ以降の時間でリラックスして単純作業をするようにしましょう。

〝アブソーブの時間〟 20時から4時

3つ目のサイクルは20時から朝4時までです。この時間帯を「アブソーブの時間」

と呼んでいます。アブソーブは〝吸収する〟といった意味です。体のサイクルでいうと、吸収の時間帯になり、食べたものを胃や腸から体に吸収していく時間になります。

仕事でいえば1日を通して集めた情報が頭に吸収されていく時間帯です。吸収されていく時間帯に無理やり何かを出そうとするのは生物学的に考えても非常に効率が悪いのです。この体の仕組みを知れば、深夜の資料作りがどれだけミスマッチで、時間を浪費するのかがよく分かるでしょう。

これまで、アウトプットの時間、インプットの時間を説明してきました。

前倒しで仕事をしてほしい理由は、この**アブソーブの時間は仕事を持ち込まず、リラックスしてほしい**からです。**この時間帯はゆっくりくつろいだり、今日一日を振り返ったりする時間にするべき**です。

まずは仕事を徐々に前倒しにして20時にはすべての仕事を終わるようにしましょう。

それができるようになったら、20時↓19時↓18時と段階的に短縮していき、定時帰りを目指してください。定時に帰りながら成果を上げている人は意識的にこの3つのサイクルに合わせて仕事をしているのです。

言うまでもありませんが、**睡眠は非常に重要**です。

あなたが寝ている間、脳の中ではその日に学んだ情報が整理され、短期記憶から長期記憶に移動します。

睡眠にはゴールデンタイム（22時から2時）があります。今は難しいとしても近い将来にこの時間に就寝する習慣を身につけてほしいのです。

アブソーブの時間の仕事は徐々に減らしていきましょう。そしてリラックスしていい睡眠をとってください。こうなれば翌朝ベストな状態で気持ちよく目覚めることができます。

サイクルが狂い始めたときの修正法

ここまでご紹介した3つの時間帯を意識して仕事をしてみてください。その時間帯に合う仕事をする習慣が身についたとき、あなたは驚くほどの時間短縮に成功しているでしょう。ほとんど定時内で仕事が終わるはずです。

しかし、年度末や四半期の締めなど、繁忙期にはどうやっても仕事がキャパオーバーになることもあります。こうなると定時内ではおさまらず、うまくサイクルを回せなくなるものです。すると、やらなくてはならない仕事が溜まっていきます。締め切りがあれば時間帯にマッチした仕事をするというのが難しくなってきます。アウトプット系の仕事は午前中に済ませたいのに午後や残業の時間にまでしなくてはならないことも増えるでしょう。こうしてサイクルが乱れてしまうのです。

私自身もお客様が集中する時期は計画通りに仕事が進まなくなることがありました。そんなときにサイクルを戻すためにやっていたことがあります。

まずは重要な仕事とアウトプット系の仕事をリストアップします。

これを〝今日できるもの〟と〝後回しにするもの〟に分けます。後回しにする仕事を少し溜めておくのです。

次に〝溜まっている仕事を処理する時間〟を確保します。

私は朝の時間帯を選び〝火曜日の6時〜8時まで〟と決めてやっていました。朝が無理なら〝金曜日の18時〜20時までに溜まった仕事を処理する時間〟というのでもいいでしょう。

ポイントは**溜まった仕事を行う時間を〝お客様とのアポイントと同じ扱いをする〟**ということです。アポイントと同じですから、もちろん電話にも出ませんしメールの返信もしません。空いている会議室などを借りてもいいですし、外に出られる人ならお気に入りのカフェで仕事をしてもいいでしょう。

周りをシャットアウトして、一気に溜まった仕事をこなします。気になっていた仕事が終わるとデトックスできた感じになります。とても気分がいいのです。

溜まっている仕事を集中して処理することで、正しいサイクルにリセットできます。溜まっている仕事がなくなると、仕事に追われる状態から追いかける状態に変わるのです。忙しくてサイクルが狂い始めた時にぜひやってみてください。

夜しかできないという思い込みから抜け出そう

今は多くの会社がホワイト化しました。体育会系で有名な不動産会社も週の半分以上が定時に帰れるという時代になったと感じています。とはいえ、まだまだ夜遅くまで仕事をしている人はたくさんいます。その多くが「重要な仕事は夜しかできないし、夜遅くまで仕事をしなければ結果が出ない」と思い込んでいるのです。

夜まで仕事をしている人たちは、新しい時代へパラダイムシフトができていません。パラダイムシフトとは、その時代の規範となる考え方や価値観などが大きく変わること。今までの固定観念に縛られているのです。

「どうしても早く帰れない」と悩んでいる30代の中堅社員Aさんと話をしたときのことです。

Aさん「どうしても、夜やらなければならない仕事がありましてね」
私「例えばどんなことですか？」
Aさん「以前より残業は減りましたが、書類を作ったり会議をしたりといろいろ仕事があります」
私「書類作成や会議を午前中にしない理由は何でしょうか？」
Aさん「う〜ん、そうですね……言われてみれば午前中にできない理由はありませんね」

その後、Aさんは資料作りを午前中にすることにします。それだけでかなりの時間短縮になり「夜しかできないというのは思い込みだったのですね」と、Aさんは実感してくださいました。

さらにAさんの提案で、チーム会議についても夜から午後の早めの時間帯に変更します。これはチームの時間短縮につながった上にいい雰囲気で話が進むようになったと言います。

そもそも夜は1日の疲れが溜まり、テンションも下がっています。そんな時に報告や話し合いをしても「う〜ん、厳しい状況です……」という意見しか出ないでしょう。無駄に時間を費やした上に、暗い気持ちになるだけで、まったくメリットがないのです。同じ議題の会議でも、体力も集中力もある時間にした方がいい雰囲気で話が進みます。間違いなくいい結果になるのです。

そのあたりの知識がある会社はそのメリットを知っていて、朝に会議をしています。そして、もちろん結果が出ています。まだ数は少ないですが、これからどんどん増えていくでしょう。

資料作成や会議の他にも「これは夜しかできない」と思っていることがあるかもしれません。それをもっと早い時間帯に実行してみてください。今までいかに効率が悪かったのかに気づくでしょう。

このパラダイムシフトができたとき、一気に時間短縮できるのです。

第4章

無駄&不必要なことを見極める

「代表的な1日」を書き出して無駄な時間を見つけ出す

時間術に長けた仕事が早い人は、3サイクル理論を自然に身につけていると前章で書きました。そんな〝できる人〟は、午前中にクリエイティブワークを集中的にこなしているものです。それも無駄な時間の浪費などせず、お昼までに着々とタスクをこなしていきます。

できる人はとにかく無駄がありません。実は、無駄な時間や無駄な作業を極力減らす努力をしています。

そもそも無駄な時間や仕事を減らせば、そのぶん別の仕事ができたり、休息することができ、成果に直結します。できる人は無駄を減らし、そのぶんできた時間を有効活用して結果を出しているのです。時間の使い方を考える上で、**やらないことを決めたり、無意識に消えている時間を減らすことは重要**です。

この章では、結果につながらない時間を見つけ出す方法を紹介します。

私が行っている時間術の研修では、参加者に自分の1日の行動と無駄な時間を見つけてもらうための「代表的な1日」を書いてもらいます。研修と同じようにまずはお伝えします。

まず、パソコンでワードを立ち上げるか、Ａ4用紙を用意して「代表的な1日」を書き出してみましょう。

月曜から金曜まで同じような流れで仕事をしている方は、1パターンでかまいません。平日と土日は働き方が違うという方は2パターン書いてください。

書けましたら、その書き出したスケジュールを見て、無駄にしている時間を探してみてください。どんなに「自分は効率よく働いている」と思っている人でも、**必ず無駄な時間が見つかります。**

その時間をできる限り削除する、もしくは時間を短縮できるように改善するのです。

この後も細かいやり方を紹介していきますが、「代表的な1日」ワークだけでも大幅に時間短縮できるはずです。

研修先の営業スタッフCさんは、このワークを行って〝社内のミスコミュニケーションによって時間が大幅にロスしている〟ということに気がつきました。ミスコミュニケーションの一つが〝依頼した仕事と違う内容になっていてやり直しになった〟というものです。

このロスは意外とダメージがあり、依頼したCさんは「こんな内容では、お客様に出せないよ」と腹立たしく思いますし、依頼されたスタッフも「なんだ、そういうことだったらちゃんと言ってくれよ」とイラっときます。お互いが不愉快（ネガティブ&ストレス）になると同時に、お互いの貴重な時間も失われます。

こういったミスコミュニケーションは、双方が意識したり、改善策を講じない限り、また起こります。無駄な時間ロスが続いてしまうのです。

そのことに気づいたCさんは、研修後に依頼方法を見直し、ミスコミュニケーションが起きないようにしました。これで大幅に使える時間を生み出しました。その生み出した時間をお客様へのアプローチに投資したことで一気に結果を出したそうです。

別の営業スタッフDさんは、代表的な1日を書き出したことで〝無意識に過ごしている時間が結構ある〟ことに気がつきました。

・ネガティブなことを考え込んでいる
・ありもしないことを考えて不安になっている
・眠気を我慢して仕事をしているので効率が悪い

こんなことが出てきたのですが、こういった時間は書き出してみないとなかなか気づきにくいものです。Dさんは見つけ出した無駄な時間を極力減らすように努力しました。こうしてたくさんの使える時間を生み出したそうです。

私自身も「あぁ、あの件はどうしようかな……」などと考えても仕方がないことで時間をロスすることがあります。考えても何も解決しませんし、モチベーションも下がります。全くいいことがありません。今はこういった無駄な時間を極力排除しています。

誰しも無駄な時間を減らした方がいいことは分かっています。しかし、そう思いながらも何も対策をしていないことがほとんどです。ぜひこのワークで無駄にしている時間を見つけ出して、改善していきましょう。

タイムレコーディングで空白の時間を見つける

次に紹介するのは「タイムレコーディング」という方法です。

これは、できれば毎日行っていただきたいものです。この方法によって「代表的な一日」よりさらに細かく〝空白の時間〟を見つけ出すことができます。

タイムレコーディングは、ダイエットの例で説明すると理解しやすいでしょう。

次のように自分が食べた物や体重を記録していく「レコーディングダイエット」という方法があります。

・朝　バナナ、ヨーグルト

・昼　パスタ、セットサラダ、ドリンク
・おやつ　コンビニスイーツ
・夜　ビール2缶、唐揚げ、つまみ類

このように朝起きてから寝るまでの間に食べたもの（さらに朝か夜に体重）を記録していきます。記録することで自分がいつ何を食べたか分かるようになります。カロリーが計算できるアプリを利用するとさらに効果がありますが、**記録するだけでも意識が大分違ってきます**。記入したものを見て「昨日はちょっと食べすぎたな。今日はちょっと控えよう」などという気持ちになったりするため、効果があるのです。

この方法を応用して行動とその時間の記録を書いてみましょう。

時間は意識しないとアッと言う間に過ぎ去ってしまいます。ちょっとボーッとした時間や考え事をした時間などは、無意識のうちに過ぎてしまいます。自分の時間を活用するためにも、そんな〝無意識のうちに消えている時間〟を見つけるためにも、このタイムレコーディングをやっていく必要があるのです。

書くタイミングとしては、仕事終わりに1日を振り返り〝何時に何をやったか〟を記録してみる感じでいいかと思います。例えばこんな感じです。

タイムレコーディング

9時～10時　掃除とミーティング
10時～11時　パワポ作成
11時～12時　？
12時～13時　ランチ
13時～16時　提案書作成
16時～17時　ネットを見る

このように書いていくと必ず「？」の時間が出てきます。また「ネットを見る」といったほぼサボっているような時間も見つかるでしょう。**何をやっていたのか分からない時間、もしくは効果的に使えていない時間を記録して見える化することが重要**です。

これだけで2、3時間も使える時間を生み出す人もいます。

また、**1つの仕事に、思っている以上に長い時間を費やしていることにも気がつきます。**

その日にやったことを見て「簡単な提案書作成に3時間もかけていたのかぁ」と客観的に判断できます。すると「やり方を工夫すれば1・5時間でできるから1・5時間余裕ができる」と対策まで考えられるのです。ここでさらに時間を捻出できるのです。

日報をつけて会社に提出している方は、それを利用するのも効果的です。

日報を見ながら、実際にどのように時間を使ったかレコーディングしていくのです。

1日の終わりに、今日の時間の使い方を記録して自分がどんな時間の使い方をしたのか見ていきましょう。毎日タイムレコーディングを行い、消えている時間を見つけ出してください。

1分集中で「過去の後悔」と「未来の不安」から解放

「代表的な一日」を書き出すワークの紹介の最後に、「あぁ、あの件はどうしようかな……」などと、考えても仕方がないことを考えて時間をロスすることがあると書きました。あなたも仕事中に「あぁ、昨日の商談は失敗だった……」「あぁ、来週の会議での発表が心配だなぁ」などと余計なことを考えてしまうことがないでしょうか。これでは、目の前のやることに集中できず、仕事がはかどりません。こういった時間は効率が悪く、無駄な時間になってしまうのです。

とはいえ、**人は常に無意識に雑念が湧き出してくる**ものです。ある説では「人は1日に6万回思考する」といったものもあります。6万回ということは、寝ても覚めても脳はいろいろなことを考えているということになります。朝起きてすぐに何かを考えながら行動し、朝食も何かを考えながら食べたりします。家族と話をしているときはもちろんのこと、仕事相手の目を見ながら打ち合わせをしているときですら会話の内容とは全く関係のない仕事のことを考えていたりする訳です。

私はこのことを〝生きる上でのＢＧＭ〟と呼んでいます。

ＢＧＭとは〝背景に流す音楽〟のことで、この音楽によって目の前の状況や雰囲気が変わります。

例えば、飲食店でリズムのいいＢＧＭを流せば活気のある雰囲気になりますし、リラックスしたＢＧＭを流せば落ち着いた雰囲気になるものです。

ということは、どんなＢＧＭを頭の中に流せばいいのかということが、仕事を効率よくする上でとても重要な要素になると思えるのです。

過去の私は常に〝悪いＢＧＭ〟を流していました。

会社に行く前から「あぁ、営業したくない」とネガティブに考え、仕事中は「アイツのせいでうまくいかなかったんだ」などと逆恨みします。やっとのことで仕事が終わり、ホッとするのかと思えば「あれはもっとこうすればよかった」と後悔するのです。

常に〝未来への不安・愚痴・過去の後悔〟という悪いＢＧＭが流れていたのですから、いい仕事ができる訳がありません。

過去の私も含め、**多くの人は1日の9割以上をネガティブな悪い妄想に費やしているといわれています。**しかも、その内容は毎日ほぼ変わらないというのですから、自分がなかなか成長できないのもうなずけます。無意識に仕事をしていれば、ほぼ成長せず何年も何十年も過ぎ去ってしまうということです。これは恐ろしいことです。

時間術を高めたいと思ったなら、このBGMを最適化する必要があります。

やり方はとてもシンプルです。過去の後悔でもなく、未来の不安でもなく**「目の前の1分間」に集中する**ように心がけるのです。

「悪いことを考えないようにしよう」と思えば思うほど、逆に考えてしまったりします。そうではなく「**この1分間だけ集中しよう**」と考えるのです。

パソコンでメールを送るなら「こう伝えたら喜ぶだろうな」と相手のことを考えながらキーボードを打ちます。ランチを食べる際も「これ、本当においしいな」と味わうのです。

目の前の1分間に集中することを繰り返していけば、良い精神状態の時間が少しずつ増えていきます。

感謝、喜び、快楽などなど……。心地のいいBGMが流れる時間帯が長くなったとき、驚くほど仕事のスピードが上がっていることでしょう。

余計なプロセスをすべてカットせよ

第1章では、仕事にすぐに取り組むと得られる時短効果について触れました。**仕事が早い人は、無駄なことを極力カットして「すぐやる」という特徴があります。**仕事が早い人にとっては当たり前のように聞こえるかもしれませんが、これがなかなか難しいと思う人も多いでしょう。

過去の私も含めてですが、「すぐに重要なことから取り掛かる」ことをよくよく意識していないと、あっという間に他のところへ意識をもっていかれてしまうのです。

あなたも忙しい状況でありながらネットやメールを見ていて「あれ？　こんなの見ている場合か？」と我に返った思いをしたことはないでしょうか？

ちなみに、私が時間をロスする場合、このようなパターンにハマっています。

パソコンの前に座る
←まずはウォーミングアップのためにネットやメールチェックをしよう
←面白そうな記事を見つけ他のサイトに飛ぶ
←かなりの時間、目の前の仕事と関係のないことに時間を割く

これで結局、何をしようとしていたのかということすら忘れてしまいます……。こうして、時間というものはあっという間に30分、1時間と過ぎていくのです。時間が経つにつれ「まあ今日はゆっくりスタートすればいいか」となってしまいます。

このように**無駄なことをして遠回りしてはいけません！**

こんな**余計なプロセスをすべてカットして、真っ先に仕事に取り組んでください。**

パソコンの前に座る
↓
重要な仕事に真っ先に手をつける

プロセスはこれだけです。これでかなりの時間短縮になります。

仕事もそうですが、他のことについても言えることです。


例えば、あなたが読書をしようとしたとします。

「でも、その前に腹ごしらえをしておこう」と思って、何かを食べたりします。その流れで「そうだ、食べた物をXで投稿しよう」となることも……。投稿しようとスマホを触り、タイムラインで興味のあるものが目に入って見ているうちに「今日は読むのをやめて、明日まとめて読めばいいや」となってしまうのです……。

無駄の極致です。


とにかく、余計なプロセスはすべてカットして、最初にやろうとした行動を始めてしまいましょう。

スタートの2時間は一切の無駄を省き重要な仕事に集中する

「代表的な1日」を書き出すワーク、そして「タイムレコーディング」を実践すると、無駄に消えてしまう時間を把握することができるでしょう。そのように、まずは自分の行動を客観的に理解することが大切です。

続いて「最も重要と思われる仕事はどこに配置しているか」を調べます。多くの人は**1日の後半部分に配置している**ものです。

なぜ1日の後半に配置しているのかというと、「夜の方がまとまった時間がとれる」もしくは「集中力を必要とするのでエンジンがかかってから」と思い込んでいるからです。

実は、これが**時短できない最大の理由**です。

これまで述べてきたように、**仕事が早い人は午前中に重要な仕事をこなします。**

「3サイクル理論」でも触れましたが、朝からお昼までが〝短時間でいい仕事ができる〟仕事のゴールデンタイムということを体感的に知っているからです。

ですから、最も重要な仕事は、仕事を始めた最初の2時間に集中して取り組むべきなのです。

どんなに体力がある人でも時間が経てば疲れが出ますし、疲れれば集中力は落ちます。**重要な仕事を1日の後ろにもっていけばもっていくほど効率は悪くなります。**

同じ営業所で働いていた先輩のことです。この先輩は真面目で仕事熱心でした。しかし、完全なスロースターターで、午前中はどう見ても無駄な仕事をしている感じです。そして夜になればなるほど冴えてくるタイプだったのです。

毎日夜遅くまで頑張っているのにもかかわらず、ほとんど契約をとってきません。当時の私はそんな先輩を見て「こんなに頑張っても契約がとれないなんて、やっぱり営業の世界は厳しいんだな」と思っていたものです。

ところが、はじめは仕事熱心に見えた先輩でしたが、そのうちにとてつもなく効率が悪い仕事ぶりであることに気がつきました。一つの仕事を終えるのに人の倍以上もかかり、頻繁にミスをしてよくやり直していました。

この先輩は効率のいい時間帯を無駄にして、疲れて効率の悪い夜にムチをうって働いていただけだったのです。

短時間で結果を出している人はその逆をしています。

仕事始めの2時間は一切の無駄なことをやめて〝重要な仕事〟だけに集中します。だからこそ結果が出るのです。

スタートの2時間で重要な仕事をすべて終わらせるくらいの気持ちで臨んでください。

〝無駄な人脈〟をアンインストールして身軽にする

以前、長年愛用しているノートパソコンの調子が悪くなったことがありました。パソコンに詳しい人に見てもらうと「このパソコンはいろいろなソフトをインストールしすぎです。だから動きが遅くなってしまうんです」と原因を教えてもらいました。その後、20個以上の必要のないソフトをアンインストールしたところ、以前よりずっと動きが良くなったのです。

この動きが良くなったノートパソコンを操作しているとき、ふと「人脈を広げすぎたりして動きが悪くなっている人たち」を思い出しました。

ビジネスをする上で人脈を広げることは良いことでしょう。しかし、広げすぎて動きが鈍くなっている人も少なくありません。

私は、独立した当初、人脈を作ろうとさまざまなイベントや集まりに参加していました。そういった会に参加していると〝どの会に参加しても顔を出している〟という人に出会います。聞けば「月に10回以上は参加していますね」と言います。人脈はすごいものの、話をしてみると、実際はどんなビジネスをやっているのか分からず、なんの結果も出していません。当時は「知識も人脈もあるのにどうして成功しないのか？」と不思議に思っていたものです。

こういった人たちは、交流関係を広げ過ぎたことで〝自分にとってどの人が大切なのか〟が見えなくなっているのです。

はじめのうちは人脈を広げることも大切なことかもしれません。しかし、ある程度のところで見極め〝重要な２割〟に絞った方がいいのです。

あなたも「この会に参加していてメリットがあるのかな」と疑問に感じる集まりに参加したことなどあるのではないでしょうか。

私は過去に東京で夜に行われていた集まりにいくつか参加していたことがありました。群馬県から東京に行っていたのですが、やはり往復の時間がかかり、夜遅くまで飲めば翌日にダメージが残ります。なんだかんだとかなりの時間を浪費します。あまり意味のない集まりばかりで、参加していて「毎回同じことをしているし何の成長もない」と感じ、その後いくつかの会とは徐々に距離を置くようになりました。

これで大幅な時間を生み出すことができたのです。

ぜひ一度、今までの人脈、人間関係について〝今後どうするのか〟考えてみてください。本当に大切なものに絞り込み、身軽になりましょう。そうすることで、使える時間が大幅に増えるのです。

悪影響を及ぼす腐れ縁の友達と思い切って決別する

誰にでも切っても切れない関係というものはあるでしょう。

「なんだか知らないけどもう20年も付き合っている」という人が、あなたの周りにも何人かいるのではないでしょうか。同級生、同期、友人、会社の仲間、上司、先輩、後輩……。その人がいい影響を与えてくれる人なら何の問題もありません。これからもずっとお付き合いしていけばいいのです。

しかし、**付き合っている人たちから悪い影響を受けているようなら、一度付き合い方を考える必要があります。**

私には腐れ縁の友人がいました。彼はもともとイジケ体質で、どんなことに対してもマイナスに考えるクセがありました（私も似たようなものでしたが……）。

彼は会うたびにネガティブ度合いがグレードアップされ、さらに嫌味っぽさが強くなっていきました。よっぽど仕事にストレスを感じているのでしょう。誰に対してもひねた嫌味っぽい言い方をするようになってきたのです。それまでは〝それが彼だから〟と受け入れていました。

ただ、長い付き合いだったものの、さすがに会うこと自体がストレスになってきたのです。

私はあるときから〝ちょっと距離を置こう〟と決め、彼との付き合いを減らしました。最終的にはきっぱりと切ったのです。彼からはもちろん、そのグループからも一切何も誘われなくなりました。一時的に寂しかったものの、今では本当に良かったと思っています。

さらに私は、同じ会社でよくつるんでいた愚痴の多い先輩からの誘いも徐々に断るようにしました。会社では完全に縁を切る事はできませんが、時間をかけながらプライベートでの縁は切ったのです。その後、どうなったと思いますか。それまでの人脈は失いましたが、かわりに自由な時間を手にすることができたのです。

先輩との付き合いでは、無駄な時間、無駄な金、無駄な体力を使ってつるみ、先輩は夜遅くまで酒を飲みグダグダと愚痴を言っていました。ある意味私はわざわざ人生を台無しにするような事をしていたのです。

これをやめただけでも私にとっては非常に大きい影響がありました。この時間をもっと有益な時間にあてることができたからです。

いい事はこれだけではありません。**悪い人との関係を断ち切ることで、もっと有益な人脈を作ることができました。**新しい人たちと付き合うようになって、非常にいい影響を受けます。もし、あのとき悪い影響を及ぼす人との関係を断つという決断をしていなかったら、今でもダメ人間のままだったでしょう。

自己啓発の本にはよく「**何かを手放さないと、新しいものは手に入らない**」と書いてあります。**両手がふさがっている状態で新しいものをつかむことはできません。**

テレビ番組などで恋愛相談をしているシーンを見ることがありますが、ほとんどの場合、悪いパートナーとの縁を切れないと言います。暴力を振るうパートナーに対してもです。こういったケースは本人が「この人とは別れられない」と思い込んでしまっているようです。いわゆる依存の関係です。このように長くなればなるほど、関係を切ることが難しくなります。

しかし、悪いパートナーと別れる決断をしなければ、その地獄からは一生抜け出せません。

「悪い影響を及ぼす人と過ごす時間が一番の時間の無駄である」と認識しましょう。仕事上では付き合わなくてはならない場合もありますが、プライベートまで付き合う必要はありません。

いきなり関係性を切るのが難しいのであれば、徐々に会う頻度や連絡をとる頻度を下げていくのでもかまいません。最終的にマイナスの影響のある人との関わりを絶つ。そうすることで時間が生まれ、そして素晴らしい人たちに出会えるのです。

第5章

時間的ロスの防ぎ方

行き過ぎた完璧主義はスピードを奪う

第4章で紹介した「代表的な1日」ワークで無駄な時間を見つけたり、早朝や午前中の「アウトプットの時間」にクリエイティブワークを集中させるなどして、時間と仕事に対する考え方や行動を変えていくと一気に効率が上がり、時間短縮できることもあります。

私自身、時間に対するちょっとした考え方の変化で無駄が激減し、一気に結果を出せるようになったのです。

知人や仕事相手で、こだわりが強く妥協を許さない人がいます。それはいいことですが、あまりに完璧主義になりすぎてしまうと、仕事のスピードは落ちます。こだわりが強すぎて約束の期限に間に合わない、では本末転倒だと思います。

ここで知っていただきたいのは、**重視すべきはスピードであり〝期限を守ることが**

大切〟ということです。

私は**完璧主義ではなくスピード重視思考**です。

スピードはあるもののその点で多少のミスも出したりします。ただ、そういったマイナス要素を差し引いたとしても、スピード重視思考には十分なメリットがあります。

もちろんはじめからスピード感があったわけではありません。私がスピード感を身につけられたのは、営業スタッフ時代の経験があったからです。

とくにダメ営業スタッフ時代は常に苦しい立場でした。苦しさのあまり〝とってはいけないお客様〟と契約をしてしまうこともありました。契約をすれば地獄が待っていると分かっていても、契約ゼロ月から抜け出したくて思わずとってしまっていたのです。

この手のお客様はとにかく自己中心的です。ほぼクレーマーと言ってもいいくらいです。そんなお客様からの「この工事の見積もりを明日までに出して」という無理な注文に対してノーと言えませんでした。通常は2、3日はかかるところをとにかく間に合わせるしかありません。お客様の機嫌を損ねるとあらゆるところに火種が飛び、どんどんトラブルが広がっていきます。ですから言われたことに関して何としても守るしかなかったのです。

そのときはきつかったものの、今から考えると「スピードをつけるためのいいトレーニングになった」とつくづく思います。このような経験から強制的にスピード感が身につき、今でも体にしっかりと染みついています。

仕事をさせていただいている仲間には完璧主義者の方もいます。期限通りに仕事が完了しないときに連絡すると「完成度が低く、送っていいか迷っていまして……」という返事がきます。慎重でミスがなく素晴らしいのですが、スピード感がありません。結果的に約束の期日を破ってしまうのです。

こちらとしては期限が過ぎて待っている間、ストレスが溜まります。できているのであれば「80％の完成ですが」と言って期限内に送ってもらった方がいいのです。

完璧主義はスピード感を奪います。くれぐれも期限を守ることが優先順位の1位な

のです。完璧を目指すよりスピード感を身につけることを優先してください。

できる人は漆塗り方式で仕事をする

時間に追われている人は無意識のうちに時間を無駄に使っています。サボっているつもりはなくても大幅に時間を奪われているのです。

代表的な例は〝計画なしに手をつけて結局やり直しになる〟ということです。しかも、悪いと気がついていない人が多いのです。こういった時間は極めて効率の悪い仕事の進め方です。こういった死に時間を減らす必要があります。

私の知人に仕事熱心な人がいます。真面目で熱心ですが、いつも仕事が期限に間に合わず悪戦苦闘しています。

知人は「2時間以上もやったのに結局すべてやり直しになった」という話をよくしています。これでは、その2時間結局何もやっていないことと同じです。仕事の進め方に問題があるのです。

私自身、以前はすべて水の泡になるような仕事の進め方をしていたこともあります。何度も痛い目にあいながら少しずつ改善してきました。

営業スタッフ時代、商談中のお客様の図面を考えていたときのことです。お客様の要望をチェックしながら一つ一つ細かく進めていきます。

「よっし！　これならいい間取りができるぞ」と思い、時間をかけて作り、90％ほど完成というところで「洗面所が狭すぎる」ということに気がつきました……。この時すでにスタートから2時間以上は経過しています。最後になって重大な欠陥に気づいてしまったのです。それまでの図面作りがすべて台無しになり、結局はじめからやり直しです。やったことがすべて無駄になったのでは時間がいくらあっても足りません。当時の私は労働時間こそ長かったものの、たいしたアウトプットができなかったのです。

そんなあるとき、トップ営業スタッフの方から「間取りは漆塗り職人のように作ると無駄がなくなる」と教えてもらったことがあります。

漆塗り職人のようにとは〝下地、中塗り、上塗りといった工程を経て、漆を重も塗りする〟といった感じです。

実際に図面を作っているところを見させていただくと、はじめにぼやっと全体像を描かれました。漆で言えば下地を塗る感じでまず概略を描いていったのです。それから細部へと進みます。これが中塗りです。そしてほぼ配置が決まったときに上塗りをするように仕上げ作業をしていました。

その後、先輩を見習い、全体像からサッと描くことから始めてみました。するとどうでしょう！　後からミスに気づくなんてことはなく、一気に仕上げることができました。２時間以上かけて作ったものが一瞬にして水の泡ということがなくなります。この進め方で時間の無駄がなくなりました。

この仕事の進め方は今でも役に立っています。あなたも資料や提案書などを作る際は〝漆塗り方式〟を意識してみてください。無駄な時間が大幅に削減できるはずです。

漆塗り方式は、読書や仕事の書類を読むときにも応用できます。

長い文章をはじめから順番に読んでいくのではなく、はじめにザッと最後まで目を通します。このとき、単に速く読むというのではなく、自分が欲しい情報が書いてありそうな見出しを探していきます。

具体的な方法はこのような手順です。

大見出し・小見出しを読む

↓

太字や強調の文字を読む

↓

知りたい情報の詳細を読み込む

このように読み進めていくと、どこに何が書いてあるかがはじめに理解できます。そして必要なところを重点的に読んでいくのです。この読み方なら、はじめから順番に読んで集中力が落ちて肝心なところまでたどり着かない、といったことがなくなります。

何事も**いきなり細部に時間をかけるのは危険**なことです。漆塗り方式で**全体像を作りその後、細部へと進めましょう。**これで大幅に時間短縮ができるはずです。

仕事は学校のテストと同じと考える

たった一言が大きなヒントとなり〝人生観が大きく変わる〟といったことがあります。以前、尊敬している知人から時間の使い方について「**すべて仕事は学校のテストと同じように考える**」と教えてもらったことは、私にとって人生が大きく変わるほどのインパクトがありました。

この言葉をヒントに、私の行動は飛躍的に早くなったのですから。

テストには制限時間があり、1秒でも過ぎれば終了です。たとえ答えが分かっていても解答用紙に書けません。その時間内にいかに力を発揮できるかがルールです。

これを仕事に応用する、というのは今まで全くなかった発想でした。

仕事を学校のテストと考えれば、無駄なことをしている余裕がなくなります。嫌で

も早くやろうとするものです。

逆に、時間に制限がなかったらどうでしょうか？　ダラダラダラダラと、注意散漫で仕事をするようになりそうです。途中で「ちょっと休憩でもするか」となるかもしれません。これでは時間をロスする上にクオリティも落ちてしまうでしょう。

私は知人の教えをもとにすべてのことに関して制限時間を設定するようになりました。仕事や原稿書きはもちろんのこと、ブログ更新やメール返信についてもスマホでタイマーを設定して、リミットを決めるようにしたのです。それから一気に仕事のスピードが加速したのです。

この話を聞いて「リミットがあると時間が気になってしまい、いい仕事ができなくなるのでは」と心配になる方もいるでしょう。それも慣れの問題ですぐにできるようになります。

なにも〝1時間かかる仕事を30分でやれ〟と言っているわけではなく、30分でてきる仕事を30分でやればいいのです。難しく感じる人は既にやってきた経験を忘れているだけです。

思い出してほしいのですが、実は、あなたはこの方法を既に数え切れないほど経験してきています。これは、小学生時代からずっとやってきたテストと同じだからです。時間的リミットのルール内で何百回、何千回とテストをやってきたはずです。やり始めればすぐにコツを思い出しますよ。

仕事に関して〝テストと同じ〟という気持ちで臨んでください。

まずは何か1つの仕事を見つけ、時間を設定してチャレンジしてみてください。

思い切ってリミットを決めてしまう

制限時間を設ける話しをしましたが、時間短縮で重要な考え方の1つにこの〝リミットを決める〟ということがあります。

この〝リミット決め〟は1980年代にスタンフォード大学で研究された「タイムブロック」という時間管理手法によるものです。スタンフォード大学の心理学者であるフランク・クライン氏とジェームズ・アルバート氏が、時間管理に関する研究を行い、タイムブロック法を発表しました。このタイムブロックを行った学生は、そうでない学生と比べてタスクの完了率が向上し集中力も飛躍的に高まっていたことが証明されています。また、タイムブロックを行った学生は、時間に余裕を持って過ごすことができ、ストレスを感じにくくなったことも報告されていました。

リミットを決めることは、このように時間管理の上で非常に効果的な考え方で、知っている人も多いようなのですが、なぜか実行している人はほとんどいません。

以前、私にとって非常に大きな〝転換期〟がありました。それはある日を境に〝絶対に残業はしない〟と決めたことです。具体的には〝18時までにすべての仕事を終える〟と**リミットを決めた**のです。これで気持ちが切り替わります。

今まではリミットがなかったため、頭のどこかで「多少仕事が遅れても帰る時間を遅くすればいい」と考えていました。これではどうしても集中力が高まりません。

しかし、〝18時にはすべての仕事を終えて帰る〟と**リミットが決まっていれば、まずそれまでに終わらせようとスケジューリングします。さらに、ダラッと仕事をやったり、無駄に過ごしていた時間を減らして集中して取り組むようになりました。**


ここまで話を聞いて「仕事が終わらなかったらどうするの？」と疑問に思うかもしれません。仕事を18時で中途半端に残し、次の日に回したら翌日のスケジュールが台無しになる感じがします。しかし実際は仕事を翌日に回すことで、「まずは残した仕事をすぐにやってしまおう」と翌日の朝は真っ先に前日の残りから手をつけるようになります。これがいいスタートを切るきっかけとなりました。

朝からいいスタートが切れると、それが呼び水となりどんどん加速がついていきます。結果、いつもより仕事が早く終わったりします。

時には残業になるくらいの仕事量の日でも気づけば〝定時の1時間前にはすべての仕事が終わる〟といったこともよくあったのです。

まずは何かに関して**〝これは○時まで終わらせる〟とリミットを決めてしまいまし**

ょう。決めれば断然集中力が上がり、仕事のスピードは上がっていきます。

膠着状態になったら考えるのをやめて宿題にする

ダメ営業スタッフ時代のことです。当時は担当している物件も少なく、使える時間がたくさんありました。ですから、一人のお客様に午後から夕方までたっぷりと時間を使って面談等をしていたのです。

そのとき、私はお客様に対して「今日は、時間もあるのでじっくり打ち合わせをしましょう」と言っていました。こう言われたお客様は急ぎませんし、時間をかけてゆっくり考えるようになります。このときは、他にアポイントもありませんし、これで良かったのです。

特に優柔不断なお客様は、何か一つ決めるのにも相当の時間を使います。時には〝ドアノブの色をゴールドにしようかシルバーにしようか〟で30分以上悩むお客様もいました。だからといって「そんなのどちらでも変わらないですからサッサと決めてください」とは言いません。お客様としては一生に一度の大きな買い物だからです。

当時の私は、何時間も打ち合わせしたのにもかかわらず、たいして進まなかったことがよくありました。これで時間がなくなり、他の仕事ができなくなっていたのです。

ダラダラと無計画に打ち合わせすることは、自分自身の時間だけでなくお客様の時間も奪うことになります。これでは営業スタッフ失格です。

同僚など社内での打ち合わせについても同様です。リミットのない打ち合わせはいたずらに時間が過ぎるだけで内容は薄かったりします。誰もいいことはありません。そんなことをしていれば、いくら時間があっても足りなくなります。

私はその後トップ営業スタッフになり、担当物件が4、5倍に増えます。こうなると一人のお客様にかけられる時間は当然限られます。1日中のんびり打ち合わせをしている時間はないのです。

そこで私は、「13時15分から14時45分まで打ち合わせをします」と時間を決めて、**お客様に最初に伝えてから打ち合わせをスタートする**ようにしました。こうすると、時間が限られている意識がお互い芽生え、集中力が高まります。リミットが決まっているからこそ、効果的に打ち合わせができるのです。

もちろん時間内にすべて決まらないこともあります。その場で決まらず膠着《こうちゃく》状態になったときは「〇〇に関しては来週までに決めておいてください」と宿題にしました。その方が、お客様も後でじっくり考えられて良かったのです。お客様と私で「どうしましょうか……」と長時間、頭を抱えていても何も進みません。

これをやめただけでそれまでの3倍以上のスピードで、なおかつ内容の濃い打ち合わせができるようになったのです。

まずは、打ち合わせをする前に必ずリミットを設けてください。

そして膠着状態になったら、考えるのをやめて宿題にしてしまいましょう。

キレがなくなったら思い切って翌朝に回す

ダメ営業スタッフ時代の私は非常に効率悪く働いていました。毎日5、6時間も残業をしていましたが全く結果は出ません。とてつもなく時間を無駄にしていたと思います。

そんな私も時間術を一つずつ覚え、仕事の時間を大幅に短縮することができました。労働時間が減っても、なんと契約数は増えていきます。まさに夢のようです。

仕事量は何倍にも増えた上に定時に帰っていました。さすがに朝から効率よく働いても、追いつかないこともあります。それが続くと疲れが出て集中力は落ちます。するとミスが多くなり、次第にイライラするようになっていきました。気づけば周りの人やスタッフの方に強い口調で指示したり、時には八つ当たりしたりと嫌なヤツになっているではありませんか……。これは私が望んでいた姿ではありません。

さすがに「このままのやり方で続けていたら地獄に落ちるな」と確信した私は、方針を変えることにしたのです。
大きく変えたのは考え方と、それに基づいた行動です。
それまでは「この仕事は絶対に今日中に仕上げる」と決めて無理をしていました。ここで無理をしても時間がかかるだけでいいものはできません。「これ以上やってもいい結果につながらない」と判断した時点で、思い切ってその仕事をやめることにしたのです。

疲れでキレがなくなった時点で仕事を切り上げ、翌日に回します。はじめのうちは仕事を中途半端な状態でやめることに抵抗がありましたが、慣れてくれば気にならなくなりました。逆に「楽しみを明日にとっておこう」といった感じに思えるようになり、それが明日への仕事のモチベーションアップにつながったのです。

どうしても今日中に提出しなければならないといったこと以外の仕事は、疲れたら翌日に回しましょう。その方がいい精度で仕上がるのはもちろん、時間短縮にもなります。

徹夜より2日に分けた方が大幅に時間短縮になる

私の職場に仕事を集中的にする後輩がいました。集中的にすると言えば聞こえがいいのですが、時間ぎりぎりに追い詰められてから一気にやるタイプです。深夜の2時、3時は当たり前。徹夜するときもありました。徹夜して期限を守る根性は認めるものの翌日はグロッキー状態です。業務中は眠そうで、目を開いたまま寝ているようでした。

この後輩のようにいくら前の日に200%くらいの仕事をしても、翌日に10%くらいしか仕事ができないのでは意味がありません。どうしても徹夜をしなくてはならないときもあるでしょうが、そういった日は少ないものです。やるべきことを期限ギリギリまで後回しにしているから、そうなってしまうことが多いのです。

よくよく考えてみて、徹夜でこなしていた仕事を2日に分けて取り組んだとしたらどうでしょうか？　ほとんどの仕事は時間内に収まるのではないでしょうか。その方が時間も大幅に短縮され、何倍もクオリティの高い仕事ができるのです。

2日に分けるメリットは他にもあります。当たり前ですが、徹夜をしない方が体をいい状態に保てます。いいコンディションで仕事をした方がいいに決まっています。徹夜をして体調を崩し、翌日から2、3日まったくやる気が出なくなったらどうでしょう？　徹夜した日の仕事量だけは多くなりますが、1週間くらいのトータルで考えれば仕事量は圧倒的に少なくなります。こうしてまた追い込まれて定期的に無理をすることになるのです。この悪循環を続けている限り、時間にいつも追われる状態になってしまいます。

これは年齢を重ねると、この傾向がさらに強くなります。私の仲間もアラフォー、アラフィフになり「昔と違って無理がきかなくなった」と言っています。ギリギリまで仕事を後回しにして徹夜して……いいことは1つもないのです。

徹夜するなら、2日に分けて、いいコンディションで仕事をする。

ぜひこれを徹底してください。

ベタだけど効果的な「やることリスト」活用法

無駄な寄り道をせず、すぐに仕事に取りかかれるツールとして、「やることリスト」があります。ご存じの通り、手帳など紙のメモか、スマホなどデジタル機器にやるべき行動を箇条書き等（リスト化）で記入したものです。

やることを見える化することで、仕事の時短化・効率化において非常に効果があります。

仕事に取り組む際、やることが決まっているのと決まっていないのでは大違いです。

第1章の最後に、翌朝に書くブログのテーマを決めておく（ノートに書いておく）話しをしましたが、それも「やることリスト」に近いルーティーンといえます。「やることリスト」は、いいスタートを切るための最高のツールになります。

例えば、やることリストの内容に〝スタッフに依頼内容の変更について確認する〟

という内容があったとします。その仕事自体は些細なことかもしれません。しかし、すぐに行動したことが呼び水となり、他の仕事も積極的にしたくなるものです。ちょっとした行動が起爆剤となり、自分にスイッチが入りエンジンがかかることもよくあります。**どんな些細な内容のことであっても、まず一つ仕事をスタートさせることに意味がある**のです。

仕事の効率化及び時間短縮するためには、朝からエンジンを全開にさせる必要があります。

あなたが朝から気持ちよく仕事ができる日のことを思い出してください。仕事がスイスイと進んだ日は、いいスタートを切っているはずです。

その逆に「今日は何をしようかなぁ」などとゆっくりしているうちにサボってしまったが後から盛り返した、なんてことは少ないはずです。

朝一番にエンジンが全開になれば、仕事はあっという間に終わってしまいます。

そのためにやることリストが必要なのです。

さらに「やることリスト」は、日中の仕事でも活用できます。私は、仕事をしていて途中で〝予期せぬ仕事〟が入ったりすると、ペースを乱されることがよくありました。「これもすぐにしなくては。そうだあれもやっておかないと……」と思っているから目の前の仕事に集中できません。気持ちばかり焦るだけで、少しも仕事が進まないのです。そしてやりたい仕事がどんどん遅れていきます。**散漫な精神状態ではうまく仕事が進まなくなる**のです。

そんなときにやることリストに用件を書き込みます。**メモをするだけでも気分が楽になります**。

また**新しい仕事が舞い込んできたり、やっていないことを思い出したりしたら、リストに追記**します。

そして終わったら消します。この繰り返しです。

このようにやることリストを活用することでストレスもなくスムーズに仕事が進んでいきます。

やることリストは朝から自分をトップギアに入れてくれ、仕事中の頭の中を整理してくれる素晴らしいツールです。
より価値の高い時間に変えるためにもぜひご活用ください。

「やることリスト」をバージョンアップさせる

「やることリスト」をもう一歩バージョンアップした使い方についてお話します。
まずは1日にやることをリストアップします。
例えば、次の3つを書いたとします。

・書類を整理する
・報告書を作成する
・メールチェック

このように書いておけば、やることがハッキリします。そして、サッと仕事に取り組めるのです。やることリストを使うと使わないでは大違いで、効率よく行動できると実感できます。

あるとき、知人から「**やることリストに予定時間を入れるといい**」と教えてもらったことがあります。試しにやってみたところ、さらに効果を感じました。

先ほどのリストであればこのように追記します。

・書類の整理　15分
・報告書の作成　25分
・メールチェックをする　20分

やることリストに予定時間を設定すると集中力は一層高まります。

「ぼちぼち書類整理でもするか……」と漠然と行動するより、**時間が決まっていた方が無駄な時間を大幅にカットできる**のです。

内容によっては予定していた時間通りに終わらない場合もあります。それでも何の問題もありません。ここで重要なのは**制限時間を設定して守ることを意識する**のです。

また、具体的な仕事がないときにも活用できます。

例えば11時から12時まで1時間空いているとします。なんとなく過ごしてしまうと何も生み出さない時間になってしまいます。

そうではなく、簡単に予定を立て、リストとして書き出します。

0〜20分　午後の計画を立てる
21〜40分　溜まっている書類を読み込む
41〜60分　パソコンの整理

などです。

このように3等分くらいに分けて書き込むのです。これだけで空いている1時間が活きた有意義な時間になるのです。

やることリストのバージョンアップとして、【やることリスト＋予定時間を入れる】をぜひお試しください。

間違いなく効果を感じていただけると思います。

効果的に時間を使うためにタイマーを利用する

私は時間術の研修で「時間短縮のためにタイマーを使うようにしてください」と伝えています。

タイマーの使い方は主に3つあります。これから紹介しますので、1つでもいいのでぜひ実践してみてください。

①仕事に関してタイマーを使う

仕事に関してタイマーを使うときのポイントは、スマホのタイマーではなく、時間だけカウントする専用のタイマーを使うということです。というのも、スマホを使うとLINEやメールの通知などで集中力をもっていかれてしまうからです。私はこれで何度も失敗しました。低額のものでかまいませんので、ぜひご購入ください。

方法は簡単です。

前述した「やることリスト」に予定時間を記入します。そして、始める前にその仕事の終わりの時間を設定するのです。例えば「この仕事は30分もあればできるな」と判断したとします。その場合、ヨミの時間より10％引いた時間（27分）で設定します。

このくらいの方が集中力が高まります。

②話す時間を計測する

研修先の企業では、朝礼時に順番で社員の方たちが3分間話をするといったことを続けています。タイマーをセットして「今から3分間○○についてお話しします」と言って始めるのだそうです。これによって3分という時間感覚が身につくといいます。

また、時間が決まっていると「時間内にこれを伝えよう」と思うので集中できます。

実は、タイマーを使う前は2分で終わってしまう人もいれば、5分以上話し続ける人もいたそうです。夢中で話をしているときは「3分しか話をしていないだろう」と思っても倍以上の時間が経つこともあるのです。

発表する場がなければ「これから5分間リラックスのために雑談をする」とタイマーを使ってやってみるのもいいでしょう。

これを繰り返していくうちに「このくらいが5分だ」という時間感覚が身につきます。

③休憩タイム

私は休憩をする際〝15分のタイマー〟をセットします。その間はフリーです。自分が休憩と感じることならどんなことをしてもいい、と決めています。これも、時間が決まっているので集中して休めるのです。

経営者の知人は、ストレス解消の一つに〝瞑想、マインドフルネス〟を取り入れているといいます。瞑想といっても雑念を消すというのではなく〝単に10分間、力を抜いてリラックスする〟といった時間にしているそうです。

このように10分間、タイマーをセットして脳を野放しにするのもいい方法です。

仕事、話す時間感覚をつかむ、休憩。
効果的に時間を使うためにタイマーを利用してみてください。

〝ケアレスミス↓クレーム〟が時間を奪う

仕事の時間が奪われる原因の一つに〝ケアレスミス〟があげられます。ケアレスミスとは油断や不注意からのミスのことです。だからと、ただのミスだと軽く見てはなりません。

ケアレスミスがきっかけとなりクレームに発展してしまった場合、時間を大幅にロスすることになります。時間だけでなく利益も削られ、会社にも甚大なダメージを与えてしまうのです。

とはいえ、仕事をしていれば誰だって多少のミスはつきものです。人間はAIではありません。

例えばですが、上司に対して〝指示とは違うことをしてしまった〟といったケアレスミスをしたとします。それが1回ならばリカバーできるかもしれません。しかし2、

3回と同じようなミスが続けば「この社員には重要な仕事を任せられないな」と評価は下がってしまいます。上司から見切られ、チャンスすらもらえなくなります。

これより痛いのは、ミスがクレームに発展することです。お客様に対して同じようにケアレスミスをしてしまえば、信頼を失います。失った信頼を取り戻すまでにかなりの時間と労力がかかります。せっかく時間短縮のスキルを覚えたとしても台無しになってしまいます。これが仕事を加速する一番の妨げになるのです。

ケアレスミスをする
↓信頼を失う
↓クレーム発生
↓処理に時間がかかり利益も失う

←モチベーションが下がる
←スランプに陥る

はじめは些細なミスだったかもしれません。キチンとメモさえしておけばなんでもなかった、ということもよくあります。ちょっとしたミスが雪だるま式に大きくなり、天国から地獄へ落ちることになるのです。

営業スタッフ時代のことです。トップ営業スタッフの先輩は、お客様と打ち合わせする前にメモを見てモレがないかチェックをしていました。また、商談が終われば記憶が新しいうちにメモを見ながら各部署に手配します。

・商談前チェック2〜3分
・商談後即行動2〜3分

合計で5分程度の時間でしたが、こうしたチェックや即行動を徹底していたため、ケアレスミスはほとんどありませんでした。ということもあり、お客様といつもいい関係を構築していたのです。ミスなく進め、契約を積み上げていきました。

契約客とはクレームがほぼなく、無駄な時間をとられないため、新規のお客様に集中できます。その上、お客様から紹介も数多くもらい、さらに契約数を伸ばします。

こうして仕事を加速させ、トップの座を強固なものにしていったのです。

その一方、私は「この程度のことなら問題ない」とチェックをせず、周りの人と雑談をしていました。リラックスの効果は多少あったものの、先輩と同じようにミスがないかチェックをすべきでした。基本を怠ったことでミスやモレが出てきます。細かいミスが積み重なれば信頼を失い、見切られてしまいます。

こうして何度もチャンスを逃していたのです。

商談のチャンスを逃すくらいならばまだマシでした。当時の私は「契約客とは関係もできているし、多少ミスがあっても許してくれる」と甘えていたこともあります。

しかし、これが大きな過ちだったのです。

お客様から聞いたことを忘れてしまい、何度も業者への手配を忘れたことがありました。そのまま工事が進みやり直すことになることも。利益を減らしてしまい会社に多大な迷惑をかけたのはもちろんのこと、お客様との信頼関係が台無しになってしまいます。これでは今までの苦労がすべて水の泡です。

ケアレスミスからクレームに発展させてしまう、これこそ一番時間のロスになるのです。

仕事を加速させるためにノート術をマスターする

人間である以上、忘れてしまったり多少のミスをしてしまったりするものです。ただ、クレーム等に発展して大幅に時間のロスをしてしまう事態は避けたいです。それを最小限におさえるためのツールについて紹介します。

とにかくクレーム処理は時間と労力がかかるものです。メンタルもやられますし、積極的に仕事をしようとも思えなくなります。場合によっては会社に行くのも嫌になるほどモチベーションは下がってしまうのです。

菊原流「営業ノート」

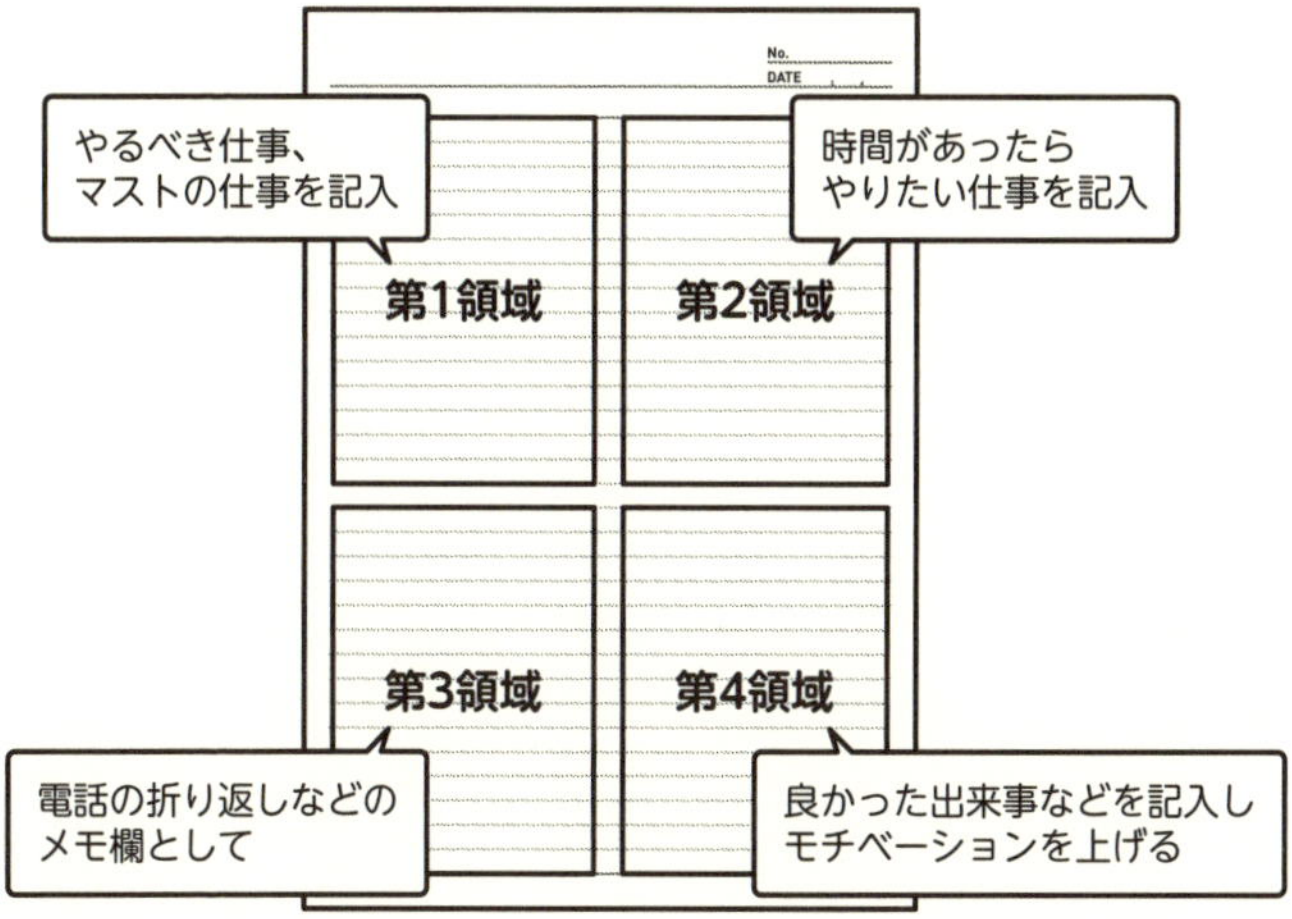

何度も痛い目にあった私は、ある時期から「営業ノート」というツールを活用するようになりました。はじめこそケアレスミスをなくすためでしたが、どんどんバージョンアップさせます。

〝使っては改良し、改良しては使う〟と何度も試行錯誤を繰り返し、最終的にこのような形になりました。

使っていたのはB5サイズの大学ノートです。縦軸を「緊急度」、横軸を「重要度」で4分類します。

第1領域：緊急かつ重要
第2領域：緊急ではないが重要

第3領域：緊急だが重要ではない
第4領域：緊急でも重要でもない

第1領域はマストな仕事を記入

これを忘れたら大変です。第1領域は、緊急かつ重要な仕事でマストの仕事を書きます。この部分は赤ペンで四角く囲い目立つようにしていました。書く内容の例はこんな感じです。

・お客様とのアポイント
・クレーム処理
・商談準備
・仕事の手配

第2領域は日々の業務で重要なこと

仕事ができる人は、この第2領域の時間が長いと言われています。緊急ではないが重要なことを記入します。簡単に言うと「時間があればやっておきたい」内容を書きます。

・将来のための勉強
・社内のコミュニケーション
・仕事が円滑になるための仕組みをつくる

第3領域は忘れると後で問題になりそうなこと

仕事の途中で突然イレギュラーなことが起こることがあります。これが一番忘れやすいものです。第3領域は、そんな突発的で緊急だけど重要ではないことを書きます。「覚えていられるだろう」と過信せず記入しましょう。

・電話の折り返し
・お礼メールを送る
・SNSの返信

第4領域は雑感など

この部分は緊急でも重要でもないことを書くスペースですが、それを書く必要はありません。私はここに良かった出来事、もしくはモチベーションが上がることなどを書いています。

・月初めで契約がとれた
・推しのチームが勝った
・今日は仕事が終わったらちょっといいビールを飲む

いかかでしょうか？

このように重要度、緊急度に分けてメモするのです。もちろん自分の使いやすいようにアレンジしていただいてもかまいません。

私は営業ノートを使うようになってからすぐにケアレスミスが激減しました。行動も早くなりました。お客様といい関係が続き、紹介ももらえるようになります。

また、営業ノートに〝やるべき仕事〟をメモしておくことで安心して仕事に集中できます。

〝他のことを心配しながら仕事をする〟というのは非常に効率が悪くなるのです。そうではなく、**やるべきことを文字化することで目の前の仕事に集中できるようになりどんどん加速していきます。**すべての仕事がとは言いませんが〝今までの約半分の時間〟で仕事を処理できるようになったのです。

営業ノートを使うことでケアレスミスは激減し、倍速で仕事ができるようになります。

スキマ時間活用術

仕事をしていると〝スキマ時間〟が生まれます。

・お客様を待つ時間
・リモート商談までの時間

・会議が始まるまでの待機時間
・移動して早く着いたとき

などです。

1、2分ならすぐに過ぎますが、5分、10分になるとただ待っているだけではもてあます感じになります。そんなときあなたは何をするでしょうか。「スキマ時間を利用して仕事をしている」という人は仕事が早い人だと思います。

この方たちは「**スキマ時間が一番仕事がはかどる**」ことを知っているのです。

通常は「5分、10分ではたいした仕事はできない」と思うものです。仕事が遅い人、締切りに遅れる人を見ていると、スキマ時間を全く利用しません。スマホをいじくり〝ネットニュース〟もしくは〝ラインなどのSNSチェック〟に費やしていたりしています。5分、10分の空き時間に対して〝時間を潰す〟ととらえているのです。

これは非常にもったいないことなのです。

仕事が早い人はスキマ時間を無駄にはしません。しっかりと〝やるべき仕事〟をしています。**たとえ5分だとしても〝この部分だけ考えておこう〟と少しだけでも手をつけます。**これが大きな差になるのです。

私自身も、何かの待ち時間に手をつけると「たった5分なのにこんなに進んだ」と思うことがあります。**スキマ時間というのはリミットがあるため集中力が高くなるのです。**

スキマ時間は突然訪れるものです。例えばですが14時からお客様と約束していたところ「電車が止まってしまいまして15分ほど遅れます」といったラインが入ります。このときに何も準備していなければスマホで時間を潰すか、ただ茫然と待つしかなくなります。そうならないように**〝5分、10分でできる仕事〟を用意しておきます。**パソコンの中に入れておいてもいいですし、印刷してカバンに入れておくのでもいいのです。

今までネットニュースやSNSで潰していた時間をやるべき仕事に変えましょう。

それだけで仕事のスピードは格段にアップするのです。

10秒、1分でも時間が空いたら仕事を進める

私自身〝仕事が早い〟と思っています。とくに資料を作成したり、原稿を書いたりなどは自信があります。

これは自分でなんとなく思っているだけでなく、仕事先の方や編集者の方からも言われています。精度や内容は完璧とは言えませんが「仕事スピードや効率はかなりのレベルに上がっている」と思い込んでいました。

しかし、世の中には上には上がいるものです。

尊敬している知人のことです。

・原稿は私の倍以上の早さで書く
・仕事は3倍以上をこなす
・いろいろなイベントに参加している

・読書量も半端ではない

これだけではありませんが、とにかく行動力もスピードも私とは桁違いです。とうてい足元にも及びません。

その知人がその秘訣について「1分でも時間が空いたら仕事を進める」といった話をしていました。確かに1分だとしても何かはできます。

例えばですが、

・アイデアを出す
・次の仕事のワード、パワポを開いておく
・数行でもいいので書く
・メールを返信しておく

といったことです。

さらには「10秒あればタスクを確認してイメージする」といった話もしていました。

一部私もやっていることがありましたが、ここまでストイックにはできていません。

- **1分でも時間が空いたら仕事を進める**
- **10秒間があればタスクを確認してイメージする**

この2つを意識しながら仕事をすればかなりの時間短縮になります。
すぐやる人の究極のスタイルです。
ストイックに時間術を追求したい方は、ぜひ挑戦してみてください。

第6章

コンディションの最適化

仕事のやりすぎはリバウンドの原因になる

どんなことでもやりすぎればリバウンドするものです。体が無意識にバランスをとろうとするからなのでしょう。何かに偏るのではなく、**バランスよく行った方が結果的に効率はいい**のです。

以前、ヨガの仲間の紹介でマクロビという食事法の勉強会に参加したことがあります。マクロビとは肉を食べず、豆類、野菜、海草類などを中心とした食事をとります。話を聞いて「これはいい」と思い、しばらくやってみることに。

最初は体の調子が良かったものの、1カ月を過ぎた頃から力が出なくなる感じがしてきました。それほど肉好きではない私ですが、無性に肉類が食べたくなります。結果的に我慢できずにマクロビを断念。それから1週間以上も肉を食べ続けることになりました。人にもよりますが、私には合わなかったのです。

何かに偏り過ぎるとリバウンドする。これはよくダイエットなどでも聞く話です。私の友人は「得意なことはリバウンドです」と自己紹介します。友人は、とにかく極端でほとんど食べない時期とドカ食いを繰り返しています。結果的に年々体重が増加しているのです。

仏教系の本を読むと「ほどほどが大切」といった話が出てきます。凄く厳しい修行をするイメージがある宗教も無理をすると続かないと言っているのです。

これは私がやっていた営業活動でもそうでした。時として調子のいい一カ月に一気に契約を集中させてしまうことがあります。いわゆる爆発月というものです。平均的に結果を出すより、一気に結果を出した方が目立ちます。上層部からは評価され、仲間からも賞賛されます。とてもいい気分です。

しかし一気に契約をまとめてしまった翌月はどうでしょう。ダイエットと同じように、必ずリバウンドが待っています。

契約後の処理に追われ、新規のフォローが手薄になります。気づけば契約がとれない時期に入ってしまうのです。良かったときの記憶と結果が出せないで焦りが焦りを呼び、長期間スランプに陥ります。私自身も何度もこれを経験しました。爆発月ではなく淡々と一定数の契約をとった年の方が年間のトータルで見れば何倍もいい結果が出るのです。

これは仕事時間に関しても言えます。

1日、1週間、1カ月と〝一定の仕事時間を続ける〟ということを心掛けてください。これがベストのコンディションを長く保てる方法なのです。精度の高い仕事ができますし、ストレスも溜まりません。

〝まとめて一気にやる〟というのではなく、毎日同じ量の仕事をするようにしましょう。それが結果的に一番の時間短縮につながるのです。

クオリティを持続させるために〝さぼりタイム〟を入れておく

時間を効果的に使うと聞くと「1分も無駄にせずキッチリ働く」といったイメージをもつ方もいるでしょう。それができるに越したことはありませんが、人の集中力はそう長く続くものではありません。

何時間もぶっ通しで仕事をすれば疲れて効率が落ちてきます。疲れて集中力が切れた状態では仕事はうまく進まないものです。そんなときは思い切って休憩を入れたり、息抜きをしたりした方がクオリティの高い仕事ができます。

そのために、まずは〝どのタイミングで集中力が切れるのか〟というパターンを知っておくことから始めてほしいのです。

・2時間仕事を続けると効率が下がる
・ランチを食べると集中力が落ちる
・夕方は細かい仕事が進まない

こういった時間を見つけ、最適化するのです。

私は毎日同じ時間に同じような仕事をしているため、集中力を保ちながら仕事ができる方です。しかし、飲み会が続いた日や睡眠のリズムが狂ってしまった翌日は、仕事がはかどらないときがあります。そういったときのために対策をとっています。

通常パターン

「ブログ更新」↓「原稿を書く」↓「メールの返信」

日によって多少異なりますが、通常の仕事の流れはだいたいこのような感じです。しかし、コンディションが整わない日もあります。集中力が続かない日は次のようにパターンを変えます。

調子が出ない時

「ブログ更新」↓【スポーツニュースをチェックする】↓「原稿を書く」↓【コー

ヒーを飲む】→「メールの返信」

というように、**仕事と仕事の合間に〝サボりタイム〟を挟んでいきます。こうすることで、いい気分転換になり集中力が戻ってくる**のです。

私は調子の悪いときだけでなく、集中力を持続させるために計画的にサボりタイムを入れたりもしています。例えばですが、〝この仕事が終わったらゴルフ動画を見よう〟と計画し、それを目標に頑張るのです。いわゆる〝ニンジンをぶら下げる〟ということなのですが、これが思いのほか集中力を高めるのに効果的です。

私の知人はゲーム好きで、仕事をしている最中に「あぁ、ゲームをしたいなぁ」と考えてしまっていたそうです。こういったことは考えないようにしようと思えば思うほど考えてしまうもの。そこで〝この仕事をやったらスマホゲームを5分やる〟とサボりタイムを設定したところ、仕事の処理スピードが大幅にアップしたと言います。

集中力を持続させるためにサボりタイムを入れておく。ぜひお試しください。

数分の休憩が集中力を劇的に回復させる

今まで何度も午前中は仕事に集中できるというお話をしました。余計なことをせず、一気に仕事を進めてほしいのです。とはいえ仕事をずっと続けていると集中力は落ちていきます。前項でも触れましたが、〝休憩なしで何時間も仕事に没頭する〟というのは難しいのです。

仕事を続けていると疲れも出てきて、どうしても雑になってきます。時には「こんなもんでいいや」とやっつけ仕事になることも。こうなるとせっかくのあなたの能力が発揮できなくなるのです。

疲れが出るとキレが悪くなり、いい仕事ができなくなります。「ああ、いいものができないなぁ……」という状態でじっとパソコンに向かっていても、時間の無駄です。

仕事をしていて「ちょっと集中力が落ちてきたな」と感じたら積極的に休憩をとるよ

うにしてください。

ちょっとしたブレイクタイムをとりましょう。仕事中にできることでいいのです。
例えばこのような行動をとるだけでも効果があります。

- **お茶やコーヒーを飲む**
- **目をつぶって深呼吸する**
- **歯を磨く**
- **好きなおやつを1つ食べる**
- **軽いストレッチをする**

数分でもかまいません。どんなことでもいいのでとにかく一服入れてほしいのです。わずかな時間だとしても気持ちがリセットされ、集中力が高まってきます。私はよくストレッチを始めた瞬間「そうか、あれがいいぞ!」とひらめくことがあります。定期的にリフレッシュすることが時間短縮につながるのです。

「ちょっと集中力が落ちてきたな」と感じたら積極的に休憩をとってください。どんな短い時間でもかまいません。**適度に休憩をとることで集中力は格段に回復します。**

ランチタイムを充実させてコンディションを整える

忙しそうに働いている人と会うと「今日はランチを食べる暇がなかったですよ」といった話を聞きます。こういった人たちは忙しそうな割にたいしたアウトプットがないのです。時間短縮のためにランチの時間を削るのはおすすめしません。時間の使い方にはメリハリが重要です。集中するところは集中して、リラックスするところはリラックスした方がいいのです。その方がいいコンディションが保てます。

私のおすすめとしては、ランチを1つのゴールとして午前中にしっかり集中して仕事をすることです。「ランチまでには重要な仕事をすべて終わらせるぞ」という明確なゴールがあるからこそ全力を注げ、何倍も早く仕事ができるのです。

「今日はあのお店の○○パスタを食べるぞ」と具体的にお店やメニューを決めるのもいいでしょう。**ランチの時間を1つのゴールに設定することで集中力は高まり、仕事の効率は良くなる**のです。そしてランチタイムが充実すれば、午後の時間の仕事もはかどります。

ゆっくりと満足感があるランチを食べているのか？
それともただ空腹を満たすだけのランチなのか？

この差がその後のパフォーマンスに大きな影響を与えるのです。

以前、食育について勉強したことがあります。
食育とは、子どもに食べ物によって心身に大きな影響を及ぼすというものです。いい食事を食べさせている子どもはいい子に育ち、食事環境が良くない子どもは発育状況が悪いというデータが出ています。
これは大人になっても同じことが言えます。大人になったからとはいえ、ランチは移動しながらのサンドイッチや5分でファストフードを詰め込むというのでは、いい食事とは言えません。週に1回くらいでしたらまだしも、これが常習化すれば心身に悪い影響を及ぼすようになります。

私の知っているできる人たちは、総じて食事の時間を大切にします。しっかり時間をとり、ランチを十分楽しんでいます。さらにどこのお店がおいしいなどの情報に長けています。ランチタイムを充実させ、仕事がベストでできるコンディションを整えているのです。おいしいお店に詳しくなればクライアントとの雑談で盛り上がれます。毎日とは言いません。できれば週の半分はランチタイムをゆっくりとってリラックスしましょう。これが結果的に時間短縮につながるのです。

ランチタイムをバージョンアップさせる

私はいろいろな方にお会いしますが、できる人ほどランチの時間を大切にし、有効に活用しています。ランチ時間を充実させ、リラックスするだけでも十分効果があります。ランチ時間はあなたのコンディションを整えるための重要な時間になるのです。

これだけでも価値があるのですが、ここでランチタイムをバージョンアップさせる方法についてご紹介します。

ランチのみ（↑通常）
←
①ランチ＋【ミーティング】
②ランチ＋【仲間とのコミュニケーション】
③ランチ＋【異種交流会】などなど

一昔前は右記のようなことは、午後もしくは夜に行われていました。

特に仲間とのコミュニケーションはもっぱら夜遅くまでの飲み会が多いでしょう。ストレス解消のためにたまに飲みに行くのでしたらメリットがありますが、**無駄な夜の付き合いほど時間をロスすることはありません。**自由な時間を生み出すために、夜の飲み会でのコミュニケーションはあまりにも無駄なことが多すぎます。年に一度の忘年会くらいならいいですが。アルコールも入り、同じ話を繰り返したり無駄話をしたりと時間とお金だけが無駄になってしまう可能性も高くなります。そもそも夜はリミットがないため、有効に時間を活用することとは無縁なのです。

ミーティングでも同じようなことが言えます。だいたいの会議は予定時間を大幅にオーバーします。1時間が2時間と延長されることもあります。時間をかけていい結論が出ればまだ意味があるものの、そんなことはほとんどありません。さんざん無駄に時間を使ったあげく「また仕切り直しますか」となるのです。

その点、ランチタイムはリミットがあります。ほとんどの会社は12時から13時でしょう。時間が決まっているからいいのです。また食事をしているため適度に会話もありリラックスしています。ですからランチミーティングは無駄な時間を過ごすことなく、内容の濃い話し合いができたりします。

またランチタイムで同僚やスタッフさん、仲間とのコミュニケーションをとるのもいいでしょう。堅苦しい会議ではほとんど話をしませんが、ランチならいろいろと話ができます。これで距離がぐっと縮まるのです。

さらに凄い人になるとランチの時間に交流会を開いて他業界の人たちと交流しています。簡単な勉強会を開催している人もいるくらいです。ここまでできればランチのプロフェッショナルです。

もちろん〝仕事柄、社外には出られない〟という人もいるでしょう。その場合は、会社内でお弁当を広げてミーティングを行ったり、コミュニケーションをとったりすればいいのです。

私自身もサラーマン時代は毎日ランチに出られるわけではありませんでした。仕事上で会社から出られない日も週に2日ほどありました。その2日は会社の中でランチ時間を過ごし、普段なかなか話す機会のない人とコミュニケーションを積極的にとりました。こういったことが積み重なり、スタッフさんといい関係が築けるようになります。

ぜひランチタイムをバージョンアップさせ、仕事の効率化を図ってください。

仕事が忙しい日こそ体を動かす

「今日は仕事がかなり忙しいぞ」という日があったとします。そんな日はどうしますか？

多くの人は「朝は遅刻ギリギリまで寝て体力を温存させる」と考えます。実は、長く寝るよりも朝ちょっとした運動をした方が脳は活性化してパフォーマンスが上がり、仕事が早く進むのです。

最近、知り合いや身近でフィジカルを鍛えている人が増えていませんか？筋肉をつけたり、ジョギングしたりと。私の周りにもたくさんいます。こういった人は見た目が若々しいのはもちろん、イキイキと仕事をしていますし、仕事もうまくいっているものです。

こういった方たちに話を聞くと「運動するようになってから体も仕事も調子がい

い」といったことを言います。やはり私たちは体が資本であり、自信の源になるのです。

私自身も毎朝20分程度の軽い運動をしています。鍛えているほどではありませんが、運動の効果は十分過ぎるほど実感しています。

体を動かすと、まず気持ちも前向きになります。血の巡りがよくなり脳が活性化されるのです。

以前は気が向いたときだけ体を動かしていました。仕事が忙しい日や出張などで外に出ているときは運動をやめていました。これが続くと体も鈍ってきて〝気持ちが乗ってこない日〟が多くなるのです。冴えない頭で何時間も苦しむことになります。

つくづく〝**体と心は繫がっている**〟と感じます。

今は毎日のルーティーンの中に運動を組み込んでいます。

仕事が忙しくても、出張で外に出ていても必ず運動するようにしています。この20分の運動をすることで仕事のパフォーマンスが上がります。**体を動かす、鍛える時間**

は無駄な時間ではないのです。

忙しい日こそ軽い運動をするようにしましょう。スポーツジムに行く必要もなく家でできることでかまいません。たとえ10分、20分でも絶大な効果があります。ぜひ明日の朝からやってみてください。

朝起きたら目覚めに2杯の水を飲む

前項で〝忙しい日こそ体を動かす〟という話をしました。それを聞いて「そうかもしれないけど朝から運動なんて絶対無理だ」という人もいるかもしれません。そんな人に代替案があります。それは**朝起きたら〝コップ2杯の水を飲む〟**ということです。

私は目覚めてすぐに水を飲むようにしています。水を飲むとキリッとして目が覚めます。私は冷たい水が好きなので1年中冷たいミネラルウォーターを飲んでいますが、お腹が弱いという方は常温、または温めて飲んでもいいでしょう。

寝ている間も体は働いているので、思っている以上の汗をかいています。冬でも汗はかきますし、呼吸からも水分が放出しているのです。平均約500ミリリットルほどの水分が代謝されていると言われ、夏場などの多いときには1リットルも水分が失われるとされています。寝ている間に軽い脱水になっていることもあるのです。

脱水になれば血液がドロドロ状態になって流れが悪くなり、脳への酸素の供給が悪くなっていきます。つまり頭が回らなくなるのです。

箱根駅伝などで、選手がフラフラになり走れなくなる姿を見たことがあると思います。その原因は、練習不足で体力がないのではなく、脱水症状で脳からの指令が体に伝達できなくなったからです。

朝起きたらまずは睡眠中に失った水分を補給してください。私のおすすめは目覚めの1杯ではなく「目覚めの2杯」です。

寝ている間に失われる水分が500ミリリットルですから、コップ2杯（250ミリリットル×2）は飲んだ方がいいのです。

慣れないうちは1杯から始め、だんだんと1・5杯→2杯と増やしてください。全身にくまなく水分が行き渡ることで、スッキリと体が目覚めます。

朝起きてもなかなか頭が回らない、という方はぜひ目覚めの２杯をお試しください。

これでしたら手軽に始められると思います。

気持ちと環境を整える

軽い運動をすることをおすすめしましたが、基本的にどんな運動も〝準備体操→運動→整理体操〟といった流れで行うものです。

例えばジョギングをするとします。いきなり走り出し、ゴールに着いたらピタッと走るのを止める、といった走り方はしないはずです。こんなことをすれば故障につながります。ストレッチをして準備体操をしてから走り、走り終わったら少し歩いてクールダウンさせると思います。これをしないとケガをしてしまうのです。

これは仕事でも同じです。

まずはやることリストを見て、軽い仕事をします。これがいいウォーミングアップになります。その後、1日に予定している仕事をこなしましょう。

そして運動時の整理体操と同じように**仕事終わりの数分を〝整理整頓の時間〟にあててください。**

整理整頓は文字通りあなたの仕事環境を整理するということです。これが時間短縮を加速させることになります。

効率よく仕事をするために整理整頓は欠かせない、と頭では分かっていてもなかなかできないものです。私自身、物が片付けられない人間でした。

ダメ営業スタッフ時代はとくにひどく、書類をかき分けて仕事をしている感じでした。整理ができていないのでいつも探し物をしていたものです。それでも担当物件が少なかったので、何とかなっていました。だとしてもかなり効率は悪かったのです。

トップ営業スタッフになるとそうはいきません。今まで簡単に見つかった書類もなかなか見つけられなくなります。大事な書類が見つからず何時間も探したこともありました。物を探している時間は何の利益も生みません。これこそ一番の無駄な時間です。

時間をかけて見つかればまだマシです。結局見つからず、再度打ち合わせをしたり、ハンコをもらい直しに行ったりと大幅な時間のロスをしていたこともありました。時間ロスだけでなく、お客様の信頼まで失ってしまうのです。

あるとき、トップ営業スタッフの先輩が仕事終わりに必ず机周りを整理整頓していたことに気づきます。時間は2、3分といったところでしょうか。その後、私も先輩を見習い、帰り際に整理整頓をするようにします。3分程度でもやってみると結構いろいろできます。

・書類のファイリング
・いらない書類を捨てる
・パソコンのデータの整理

一週間も経たないうちに仕事環境がスッキリしてきました。さらには**整理整頓をすることで気持ちも落ち着きます。気づいたときには最高のコンディションで仕事ができるようになっていたのです。**

帰りがけに3分間整理整頓をするようにしましょう。気持ちも落ち着き、働きやすい環境をキープできます。一石二鳥の方法ですから、ぜひやってみてください。

結果を出す人のデスク周り、パソコンの中身

保険業界で研修をさせていただいたときのことです。

研修担当の方に案内してもらい事務所に行くと、見渡す限りデスクが並んでいます。そして営業成績によってデスクのサイズが違うというのです。トップ営業スタッフの机は、普通の営業スタッフの2倍以上の大きさでした。

そのトップ営業スタッフのデスクを見ると、キレイに整理整頓されており、いかにも働きやすそうな環境です。

これを見ただけで「きっと仕事も早いのだろうな」と思いました。**できる人は、結果が出て当然の環境を作っている**のです。

私の仲間にも整理整頓が上手な人がいます。

整理整頓ができる人は、整理が上手ということもありますが、それ以前に基本的にミニマリストであって、持ち物が少ないのです。**頭も心も環境もスッキリしているからこそスムーズに仕事が進められるようなのです。**

仕事の効率を上げるために仕事環境を整備しておく必要はあります。

仕事をスムーズに進めるために〝仕事環境の整え方の３つの習慣〟についてご紹介します。

①月に1回物を処分する

一つ目の習慣は、**月に1回大きいゴミ袋を持って机周りのいらない物を処分する**ということです。

大きい袋を持つと「なんかスカスカなままゴミ袋を縛るのはもったいない」と思うようになります。自然と捨てるものを探すようになるのです。思い切っていろいろと捨てるようになり、かなりの不要物が処分できます。

②行き詰まったら机を整理

2つ目の習慣は、**仕事に行き詰まったら机周りを片付ける**ということです。

私自身、仕事をしていて「全然アイデアが出てこない……」という時間帯に入ることがあります。こういったときはストレスが溜まるものです。

そこで「仕事に行き詰まったら整理整頓の時間だ」と思うようにしました。書類をファイリングしたり、机の中を整理したりと片づけていきます。すると不思議なもので、物の整理をしていると頭も整理されるのか「そうだ！　○○を書けばいいんだ」とひらめいたりします。

アイデアがひらめき、仕事環境も整理される。一石二鳥の習慣です。

③週一でパソコンを整理

３つ目の習慣は、**１週間に１回パソコンを整理する**ということです。まずは、デスクトップに保存されているファイルを整理しましょう。

私自身、以前は50個くらいデスクトップにファイルなどを置いていたものを、今は7つにまとめています。これでどこに何があるのかを迷うことがなくなりました。これだけでも随分とパソコン作業の時間短縮ができます。

また、いらないメールや不要なファイルはすぐに溜まっていくものです。1週間に1回はいらないものを削除してスッキリさせてください。パソコンの動きも良くなり作業の効率化につながります。

机もパソコンもキレイになれば仕事がやりやすくなり、処理スピードが上がっていきます。

集中力が切れたとき、仕事に行き詰まったとき、アイデアが出ないときなどにぜひやってみてください。

体と頭のデトックスをする

仕事のパフォーマンスを向上させるために体のコンディションを整えたり、健康管理をしたりする人が増えました。

本屋さんに行けばパフォーマンスを上げる系の本がたくさんあり、一種のブームです。体と仕事の結果は密接に結びついているというのは、今や常識となりました。

さまざまな方法が提唱されていますが、共通しているのは「体の中にある毒を外に出すことが大切である」ということです。毒素が溜まったままいい物を食べても効果は低くなります。どんな方法だとしても、すべてはデトックスすることから始まります。

私が効果を感じているデトックス方法は、午前中は飲み物だけにすることです。その間、水分をたくさんとります。前日の夕食から翌日のランチまで〝18時間、固形物を食べない〟といった簡易断食のような感じになります。頭はさえまくり、仕事が一気に進みます。

体のデトックスはネットで検索すればいろいろなやり方があります。自分に合った方法を見つけてください。ただし、このデトックスもやりすぎは禁物です。このデトックスをやり続けると、だんだんと気力が落ちてやる気がなくなってきます。何事もほどほどにしないとですね。

ここで私が最もお伝えしたいのは**体のデトックスだけでなく〝頭やメンタルのデトックス〟をすること**です。私は定期的にメンタルデトックスをしています。体のデトックスより頻度は高く、週に2、3回はやることがあります。

やり方は簡単です。まずは1枚の紙を準備し「不安に思っていること、気になっていること」を書き出します。プライベートの悩みや不安なことはもちろん「あのパワポを仕上げてなかった」という中途半端で気になっていた仕事までとにかくすべて書き出すのです。私はアナログ方式で紙に書いていますが、パソコンやスマホのメモ機能を使ってもいいでしょう。**文字で書き出すだけでもずいぶんとスッキリします。**

その後、書き出したリストを2つに分類します。

- **自分ではなんともできないこと（景気が悪い、未来が心配、明日の天気など）**
- **自分でなんとかなること（仕事を仕上げる、連絡をとる、謝罪する）**

自分でなんともできないことは斜線で消します。なんとかできることは〝仕事を仕上げる→今日の11時から12時まで行う〟と解決策を書いていきます。時間をとって、頭のデトックスをやってみてください。やっていただければわかると思いますが、本当にスッキリします。

体と頭のデトックスをしてコンディションを整えましょう。

“後悔先に立つの法則”で1日を充実させる

私はゴルフが趣味でよくラウンドしています。ゴルフにはミスがつきものです。普通のプレイヤーはミスした後に「やっぱり打つ前から嫌な感じがしたんだよなぁ」といったことを言います。私もよくやりますが……。

普通はミスした後に後悔するものですが、知人のEさんは違います。Eさんはショットを打つ前に「どうせ池に入るな」ですとか「左に引っ掛けてOBになるんだろうな」といったネガティブな発言をします。あたかもすでに失敗したかのようです。そのように言った後、なぜかいいショットを打ちます。

なぜそんなことをするのかと聞くと「不安を隠したままショットをしてもうまくいかないから」と言っていました。Eさんはショットする前に**自分の不安を口に出し、発散させていた**のです。

先に後悔してしまう。

この方法は仕事でも応用できます。

あなたは日々の仕事で「今日はよくやったなぁ」と満足しているでしょうか？　そう感じる日はそんなに多くないかもしれません。

満足いかない1日に対して「もっとこうすれば良かった」と後悔することもあるでしょう。

達成感のない1日を何日も過ごしているとストレスが溜まります。寝付きも悪くなり、翌朝もスカッとは起きられなくなる、といった悪循環に陥ります。そうならないために先ほど紹介した方法を応用するのです。

名付けて〝後悔先に立つの法則〟というもの。これは1日の終わりにではなく、1日のスタート時に後悔するのです。

詳しくお話しします。例えば会社に行って「あぁ〜今日は気分が乗らない」と思ったとします。このまま仕事をしたらどうなるでしょう？　気分が乗らないと思った時点で自分にマイナスな暗示をかけ、さらに自分からネガティブな出来事を探してしまいます。これではうまくいくこともうまくいかなくなってしまいます。
そんなときに「今日は気分が乗らなかったから、1日無駄に終わった」と想像してみます。これは後悔しそうです。ただし、幸いまだスタートしたばかりですからいくらでも立て直せます。すると「今日はいつもより気分が乗らないから、まず一番簡単な書類のチェックをしよう」というように考えられます。**1日無駄にしたと考えれば最低限やれることをやるようになります。今の状況から減点するのではなく、どんどん加点していくのです。**書類チェックなどをしているうちに気持ちが乗ってくることもよくあります。

不安やイライラを口に出さず黙っていると、自分の中でどんどん大きくなり悪影響を及ぼします。嫌なイメージを抱えたまま仕事をしても、なかなかうまくいくものではありません。そのまま仕事をするのではなく、仕事を始める前に思い切って「今日は残念な1日だった」と後悔してしまうのです。口に出すことで溜まっていたものが発散されます。

ポイントは**後悔をした後、「残念な1日にするくらいだったら、せめて○○をしよう」と続けるのです。この○○が重要になってきます。**

〝後悔先に立つの法則〟で1日を充実させてください。

鼓舞する言葉で自分にスイッチを入れる

あなたは出社して最初にすることは何でしょうか？「まずパソコンのスイッチを入れる」と答える人が多いのではないかと思います。

あさイチでお客様や各部署からのメールを確認したり、資料を作ったりと。毎日パソコンのスイッチを入れるということでも毎日していれば、それは立派な習慣です。

こういった日々の何気ない習慣をうまく利用してモチベーションを上げていくといいのです。

パソコンのスイッチを入れると同時に、自分のやる気スイッチを入れる方法をお話しします。**気分を盛り上げてから仕事をスタートすることで仕事が加速度的に早くな**

っていきます。

例えば、あなたが〝１日１日を大切にする〟というポリシーで仕事をしようと決めたとします。その言葉を１年の間に何回思い出すでしょうか？　工夫をしなければせいぜい数回程度で終わってしまうでしょう。

その言葉をパソコンのスイッチの隣に貼っておいたらどうでしょうか。パソコンのスイッチを押すたびに目にすることになります。そのたびにそのポリシーが刷り込まれて行くのです。言葉は繰り返す回数が多いほど自分のものになります。年に５、６回と年に２００〜３００回以上思い出すのとでは、天と地ほどの違いになっていくのです。

・目の前のことに集中する
・何事にも手を抜かない
・仕事を楽しむ

自分の好きな言葉でかまいません。

パソコンのスイッチを入れるたびにこれを見て、自分にスイッチを入れてください。これでいいスタートが切れます。

ビジュアルでモチベーションを上げる

仕事始めにやっている習慣を利用してモチベーションを上げます。ちょっとした言葉がきっかけで、一瞬で集中力をアップさせ仕事を加速させるのです。

好きな言葉以外にも、机の横に好きな趣味の写真や家族の写真を置くのも同じ効果があります。中には「言葉よりもビジュアルの方がモチベーションが上がる」という人もいます。自分が好きなものでいいのです。

以前、知人から「ビジョンボードを作ってデスクトップにするといい」と教えてもらったことがあります。

ビジョンボードとは自分のかなえたい夢や希望、目標をビジュアル化し、一つのボードにまとめたものです。私はネットで探した画像をいろいろ貼り付けて毎日眺めています。朝パソコンを立ち上げると、デスクトップにビジョンボードが表示されます。これを見て毎日気分を上げているのです。

もしデスクワークではない人なら、行動によってもテンションを上げることができます。スポーツ選手がいつも同じ仕草をするのは、その動きをすることで集中力を高めているのです。

デスクワークの場合

・パソコンのスイッチの隣に好きな言葉を書いて貼る
・目の前に家族の写真を置く
・目標を目の前に貼る
・ビジョンボードをデスクトップに使う

デスクワーク以外の場合

・決まった動作や深呼吸してから仕事を始める
・好きな言葉をつぶやく
・恋人からもらったものを触ってから仕事を始める
・スマホの画面に飼っている犬の写真を貼る

どんなことでもかまいません。
仕事を始める前の1秒で自分にスイッチを入れる儀式を作ってみてください。
これだけで仕事の処理スピードは加速していきます。

約束の日が近づいたら〝日程、時間、場所〟を確認する

約束した相手にドタキャンされる、これは大幅な時間のロスになります。これを極力なくしてほしいのです。

ドタキャンは当日の時間もそうですし、数日前からの準備の時間を考えるとかなりのダメージになります。

後日、仕切り直しでお会いできればまだいいのですが、そのまま話が消えてしまう場合もあります。嫌われてキャンセルされるならば仕方がないことです。ただ、相手が単に約束を忘れていたという場合は本当にもったいないことです。こうならないために、日程が近づいたら相手に確認することが大切です。

私自身、仕事からプライベートまでいろいろな約束をします。その中で「明日よろしくお願いします！」とリマインドメールを送ってくれる人は意外なほど少ないものです。やった方がいいと分かりながらも、つい面倒になりスキップしてしまいがちなのです。

私は群馬県に住んでいるということもあり、必ずリマインドメールを送ります。その理由は過去に何度か痛い目にあったからです。

以前、新幹線で東京へ行った際、仕事相手が時間になっても現れなかったことがありました。電話すると「あれ、今日でしたか？　今日は予定がありまして、すみません」と言われ、そのまま帰るはめになったのです。半日、時間を無駄にしましたし、なんともむなしい気持ちになりました。

また、待ち合わせ場所が違った、なんてこともありました。やはり時間になっても相手が現れないため電話をすると「あれ、御社に来ていただくのではなかったですか？」と言われます。その後、相手に予定が入っていたために日程を組み直すことに。ただ単に群馬⇕東京間を新幹線で往復しただけでした。これもものすごく損をした気分になったのです。

人と会う際、時間を無駄にしないためにアポイントの確認をすることです。メールでも電話でもかまいません。たった1分ほどの時間を使うだけで、半日時間を無駄にするといったダメージを防げるのです。

まずは**前日にアポイントの確認をしてください。**その場合「10月30日の10時に○○にてお待ちしております。よろしくお願いします」と時間と場所を伝えましょう。

時々このように確認してくれる方がいますが、会う前から「この人は信頼できそうだ」という印象をもつものです。

仕事でもプライベートでも〝日程、時間、場所〟を確認しましょう。

時間の大幅なロスが防げますし、しかもプラスの印象をもってもらえるという一石二鳥の方法です。

第6章

コンディションの最適化

時間術をマスターしたらこの3つに時間を使おう

あなたは時間術をマスターすることで確実に自由な時間を手にすることができます。その時間で、今まで〝時間がなくてやれなかったこと〟をやってください。

「空いた時間で何をしていいのかよく分からない」という方のために〝やってほしいことベスト3〟を紹介します。まずは、「仕事編ベスト3」です。ぜひ参考になさってください。

①人とのコミュニケーション

時間に余裕ができた時に一番やっていただきたいのは、人とのコミュニケーションです。家族がいる方なら家族とのコミュニケーションをとってください。ゆっくり食事をするのでもいいですし、何か共通の趣味を見つけてするのでもいいでしょう。時間に余裕があると、いい感じでコミュニケーションがとれるようになります。

また、会社では社内コミュニケーションも重要です。人に迷惑をかけない程度にじっくりと雑談を楽しんでください。

スタッフの話を聞くのもいいでしょう。上司、同僚、部下とコミュニケーションがとれていれば仕事は間違いなくうまくいきます。

②準備・予習をする

仕事を始める前に今日の仕事の準備をしましょう。

準備をしておけばスムーズに仕事に入れますし、していくうちに「早くこの仕事をやりたいな」とモチベーションも上がっていきます。

また、会議やミーティングの予習をするのもおすすめです。

学生時代を思い出せば、予習をしていった教科は理解しやすく、興味を持って先生の話を聞けたはずです。わずかな時間でも資料に目を通し「今日はこういたことをするんだな」と頭に入れただけでも効果があります。

③企画書作成・アイデア出し

時間が迫っている中、企画を考えてもなかなかいい案が出てこないものです。時間的に余裕があればリラックスして取り組めます。短時間でいいアイデアが出たり、企画書ができたりするのです。

どんなに素晴らしいアイデアでも頭の外にアウトプットしなくては相手には伝わりません。

一枚の紙を出して書くのでもいいですし、タブレットやパソコンを使ってアイデア出しをするのもいいでしょう。

自分の好みの方法でビジネスのアイデア出しをしてみてください。

プライベートの時間にはこちらを

続いてプライベートでやっていただきたいことベスト3を紹介します。こちらも参考にしてください。

①自分磨き・何かを学ぶ

好きな映画や動画を見てリラックスするというのもいいのですが、私のおすすめは〝自分磨き〟もしくは〝何かを学ぶ〟ということです。外面と内面を磨いて、今よりもっと魅力的な自分になれるように時間を投資してください。

外面については、単純に筋トレやスキンケアをするのもいいですし、目指す人を見つけて努力するのもいいでしょう。

内面については、セミナーに出て学んだり、何か新しい分野に挑戦したりするのもおすすめです。

空いた時間をより魅力的になるための自分磨きに使ってください。

②体調管理・体のメンテナスをする

いい結果を出すためには体のコンディションが整っている状態であることが大切です。ただ、それをわかっていても、時間がないとなかなかできません。実際は体調を崩したり、病気になったりしてからケアするというのが現実です。空いた時間を体のメンテナンスにあててください。

体に良いことをすれば体は必ず返してくれます。ベストなコンディションに近づけば近づくほど仕事のスピードもさらに上がっていきます。

③情報発信

今や一人一メディア時代とも言われています。

ブログ、ＳＮＳなどは、ほとんど無料ですから手軽に始められます。仕事のこと、自分の考えや日常生活などでもいいので発信してみましょう。

意外なところで出会いがあり、自分に新たな可能性を見いだせることもあります。

私は毎朝のブログ更新で世界が広がりました。

ぜひ、こちらもチャレンジしてください。

仕事編、プライベート編とそれぞれ３つのことを紹介しました。時間術をマスターすることで得られる自由な時間を、ぜひ、ご自身にプラスになることに使ってみてください。

みなさんが、時間に追われることなく、幸せで有意義な生活ができることを願っております。

菊原智明

菊原智明（きくはら・ともあき）

営業サポート・コンサルティング株式会社代表取締役
関東学園大学経済学部講師／一般社団法人営業人材教育協会理事
群馬県高崎市生まれ。群馬大学機械科卒業後トヨタホームに入社、営業の世界に入る。7年間、苦しい営業時代を過ごすが、お客様へのアプローチを訪問から営業レターに変えたことをきっかけに4年連続トップ営業となる。約600名の営業トップとなり、社のMVPを獲得。2006年に独立、営業サポート・コンサルティング株式会社を設立。現在は、経営者や営業向けのセミナー、研修、コンサルティング業務を行い、これまで15000名以上を指導。2010年より関東学園大学講師も務めている。主な著書に、『「稼げる営業マン」と「ダメ営業マン」の習慣』（明日香出版社）、『トップセールスが使いこなす！“基本にして最高の営業術”総まとめ　営業1年目の教科書』（大和書房）、『思考・行動・結果が劇的に変わる　営業力の基本』（総合法令出版）など。2024年までに80冊を出版。ベストセラー、海外での翻訳も多数ある。

コンサルが密かにやっている
うまくいく人の時間の使い方

2025年2月20日　初版発行

著　者　菊原智明
発行者　野村直克
発行所　総合法令出版株式会社
〒103-0001 東京都中央区日本橋小伝馬町15-18
EDGE小伝馬町ビル9階
電話　03-5623-5121
印刷・製本　中央精版印刷株式会社

落丁・乱丁本はお取替えいたします。

ISBN 978-4-86280-983-4
総合法令出版ホームページ　http://www.horei.com/